x Martin

D1120342

I really appreciated
your open mindness
& perseverance
you definetely
have a Mission
love Jelly

Gitane

Infographie : Marie-Josée Lalonde
Correct : Céline Vangheluwe et Élyse-Andrée Héroux

Catalogage avant publication de Bibliothèque et Archives
nationales du Québec et Bibliothèque et Archives Canada

Demitro, Dolly

   Gitane

   ISBN 978-2-7619-3149-6

   1. Carence parentale. 2. Enfants adoptés - Québec
(Province) - Biographies. I. Titre.

HV874.82.D45A3 2012   362.734092   C2011-942841-5

DISTRIBUTEURS EXCLUSIFS :

• Pour le Canada et les États-Unis :
MESSAGERIES ADP*
2315, rue de la Province
Longueuil, Québec J4G 1G4
Téléphone : 450-640-1237
Télécopieur : 450-674-6237
Internet : www.messageries-adp.com
* filiale du Groupe Sogides inc.,
  filiale de Quebecor Media inc.

Pour la France et les autres pays :
INTERFORUM editis
Immeuble Paryseine, 3, allée de la Seine
94854 Ivry CEDEX
Téléphone : 33 (0) 1 49 59 11 56/91
Télécopieur : 33 (0) 1 49 59 11 33
Service commandes France Métropolitaine
Téléphone : 33 (0) 2 38 32 71 00
Télécopieur : 33 (0) 2 38 32 71 28
Internet : www.interforum.fr
Service commandes Export – DOM-TOM
Télécopieur : 33 (0) 2 38 32 78 86
Internet : www.interforum.fr
Courriel : cdes-export@interforum.fr

Pour la Suisse :
INTERFORUM editis SUISSE
Case postale 69 – CH 1701 Fribourg – Suisse
Téléphone : 41 (0) 26 460 80 60
Télécopieur : 41 (0) 26 460 80 68
Internet : www.interforumsuisse.ch
Courriel : office@interforumsuisse.ch
Distributeur : OLF S.A.
ZI. 3, Corminboeuf
Case postale 1061 – CH 1701 Fribourg – Suisse
Commandes :
Téléphone : 41 (0) 26 467 53 33
Télécopieur : 41 (0) 26 467 54 66
Internet : www.olf.ch
Courriel : information@olf.ch

Pour la Belgique et le Luxembourg :
INTERFORUM BENELUX S.A.
Fond Jean-Pâques, 6
B-1348 Louvain-La-Neuve
Téléphone : 32 (0) 10 42 03 20
Télécopieur : 32 (0) 10 41 20 24
Internet : www.interforum.be
Courriel : info@interforum.be

02-12

© 2012, Les Éditions de l'Homme,
division du Groupe Sogides inc.,
filiale de Quebecor Media inc.
(Montréal, Québec)

Tous droits réservés

Dépôt légal : 2012
Bibliothèque et Archives nationales du Québec

ISBN 978-2-7619-3149-6

Gouvernement du Québec – Programme de crédit
d'impôt pour l'édition de livres – Gestion SODEC –
www.sodec.gouv.qc.ca

L'Éditeur bénéficie du soutien de la Société de déve-
loppement des entreprises culturelles du Québec
pour son programme d'édition.

Conseil des Arts   Canada Council
du Canada   for the Arts

Nous remercions le Conseil des Arts du Canada de
l'aide accordée à notre programme de publication.

Nous reconnaissons l'aide financière du gouvernement du Canada par l'entremise du Fonds du livre
du Canada pour nos activités d'édition.

Dolly Demitro

Gitane

LES ÉDITIONS DE
L'HOMME

Une compagnie de Quebecor Media

Note : Les événements dont cet ouvrage présente le récit sont légèrement romancés. Aussi, afin de préserver l'anonymat des personnes concernées, les noms et les lieux ont été modifiés.

À mes parents, qui m'ont donné
le souffle de vie qui m'anime.

À tous les gitans qui ont souffert
et qui souffrent encore
de leur propre ignorance.

À mes enfants Gia et Lukas,
mes trésors humains.

À Olivier, l'homme de ma vie.

À toutes ces personnes de lumière
qui m'ont permis de retrouver mon chemin.

Vous êtes mon inspiration.

PARTIE I

J'ai si mal…

Je ne peux pas dire exactement depuis quand je suis couchée là. Le temps n'existe plus. Je ne peux plus bouger. Mon cœur bat à tout rompre. La tête posée sur le plancher du corridor, je vois du sang partout sur les carreaux brillants. J'ai peur! Qu'est-ce que j'ai fait? Je vais mourir, c'est certain… Je reste là; j'attends que tout se termine. Mourir à douze ans.

Ma tête bouillonne mais mon corps est figé sur place. J'ai mal partout. Les gitans m'ont appris à mentir, à me taire, à me méfier de chaque personne. Surtout en présence des gadjés[1]. Regarde tout autour de toi avant d'ouvrir la porte pour entrer quelque part, m'a répété cent fois Mamo, parce que le danger te guette. Je ne l'ai pas fait. Tout est de ma faute. Je n'aurais jamais dû lui ouvrir, être gentille… J'ai trahi ma mère, ma famille. On va m'abandonner. C'est pire que la mort de n'avoir plus de famille. Que va-t-il m'arriver maintenant? Disparaître tout de suite… Je sens des brûlures entre mes cuisses. Le salaud!

Je descends la main pour vérifier où ça fait mal. Mes doigts sont couverts de sang. Je n'arrive plus à bouger. Je voudrais pleurer, crier, hurler. Il m'a violée. Rien à faire, je me sens trop paralysée pour appeler à l'aide. Je tombe comme une feuille au vent; il fait noir partout…

---

1. En manouche: Des personnes étrangères à la culture gitane.

Chapitre I

La confiance brisée

La soirée s'annonce tranquille. J'aime bien rendre service à ma famille et j'ai le cœur léger en mettant au lit le petit Victor que je garde à la demande de ma sœur. Mais arrive sans prévenir mon beau-frère Antonio, le mari de ma sœur Lynda, et il m'embrasse, comme d'habitude, sur les deux joues. C'est un Italien, un séducteur, au début de la trentaine. Ce couple-là, pour moi, est un symbole. Ce sont des amoureux fous et libres. Je les imagine dans un film, dansant comme de véritables stars. Beaux comme des dieux. Ils reviennent d'un long voyage en Espagne. La réalité est plus cruelle que mon imagination. Ils ont été exclus du clan. Mes parents sont sévères. Une liaison avec un étranger à notre culture et, comble de la trahison, un mariage que la famille n'a pas approuvé entraînent la sanction suprême. Le rejet.

Pour moi, Lynda et Antonio sont des héros, un couple passionné sorti tout droit d'un conte de fées. Ils s'aiment tellement qu'ils se fichent du reste du monde. Ils habitent sur l'avenue du Parc où je suis allée quelques fois avec Mamo[2] et mes sœurs, en cachette. Junior, mon père, ne leur pardonne pas la désobéissance, même si je sais qu'au fond de lui il est très sensible au sort de ses enfants. Moi, je pense qu'ils sont sans doute plus heureux

---

2. En manouche : Maman.

loin de la famille. J'aimerais aussi arriver à m'enfuir, des fois, mais j'en suis incapable. J'ai trop peur d'être rejetée et de perdre ma famille. Sans le clan gitan, sans l'affection des miens, leur reconnaissance, j'aurais l'impression de disparaître, de ne plus exister. J'ai trop besoin d'eux. Je m'efforce de suivre les règlements. Je ne veux pas être une *kourva*[3], comme Junior dit en parlant de ma sœur trop libre.

Je suis contente de le voir, Antonio. Il est plus joyeux et nerveux que la dernière fois. Il a une attitude bizarre. A-t-il consommé quelque chose? À douze ans, la meilleure école de vie, c'est d'observer les grands en attendant de devenir comme eux, parce que c'est mon souhait le plus cher. Il y a des moments où je voudrais m'envoler, parce que je sens qu'il me manque quelque chose d'indéfinissable, un mélange d'amour et de liberté. Mais j'ai toujours une inquiétude en moi, alors je reste prudente, je ne prends pas de risques. Je ne dis rien. J'observe. J'attends… Une chose m'importe par-dessus tout: que les gens m'aiment. Je suis gentille et serviable, comme les filles gitanes doivent l'être envers leurs aînés, surtout les hommes. Ce sont eux, les chefs. Je passe une partie de mon temps à servir mon père, à aider mes frères, pour me préparer à avoir un jour un bon mari. C'est la première chose que les mères apprennent à leurs filles dans notre culture. Mamo a cependant une autre idée sur la question: «Les hommes font les lois et nous, les femmes, nous sommes encore esclaves de leurs ambitions. Je me demande si un jour ça va changer…»

«As-tu du coca-cola? demande Antonio en pénétrant dans la cuisine. Je vais mettre un peu de rhum dedans… Tu gardes Victor? Pour longtemps?

– Ses parents sont allés danser. Je pense qu'ils vont rentrer tard. Le bébé dort déjà et j'ai rien à faire. C'est plutôt tranquille.»

Encore étonnée de cette visite, la jeune gardienne ne voit pas le piège qui se referme sur elle. Le regard connaisseur du bel

---

3. En manouche: Une fille de mauvaise vie.

Antonio s'accroche à ses moindres mouvements pendant qu'elle sort deux verres de l'armoire. Ses mouvements sont gracieux. Elle verse le coca, puis referme le frigo sans bruit. Aérienne dans sa petite jupe plissée, elle semble glisser, avec un léger balancement fluide des hanches, comme si elle dansait. Elle apporte les verres et s'attable en face de lui. Antonio appuie ses coudes sur la nappe de plastique. Il complimente habilement la jeune fille tout en tirant de sa veste un flacon d'alcool. Elle rougit légèrement quand il lui dit qu'elle a bien changé.

« En veux-tu un peu ? ajoute-t-il en lui tendant le flacon. T'es bien assez grande pour boire, maintenant. Pis t'es de plus en plus belle...

– Merci, mais j'aime pas boire quand je garde. Faut pas ! J'ai promis à Sofia. »

Habituée à baisser les yeux et à obéir... Les consignes de sa mère sont très importantes. Dolly observe avec attention son beau-frère. Il a les cheveux tirés en arrière, gominés, et ça lui donne un air sûr de lui. Il aime les femmes, ça se voit, ça se sent. Son parfum musqué, un regard qui déshabille, une sorte de tic quand il bouge la main pour évoquer les rondeurs. « Il sait trop bien parler aux femmes, je devrais m'en méfier », se dit-elle en croisant les jambes. On dirait qu'il *cruise* tout le temps...

* * *

Au seuil de l'adolescence, la jeune gardienne ressent néanmoins du plaisir lorsqu'un homme s'intéresse à elle. Ignorée la plupart du temps, elle a une soif immense du regard des autres. Elle a besoin d'amour. Mais elle ne connaît pas encore le désir d'un homme. Elle aimerait avoir déjà seize ans. Avoir un petit ami. S'affranchir de sa famille qui lui impose ses lois et ses règles. C'est tabou, le sexe, dans cette famille. Personne ne parle de ça. L'autre soir, les parents ont éteint la télévision parce que des amoureux s'embrassaient dans un film. Alors Dolly s'imagine seulement ce qui peut arriver après les baisers. Mamo lui parle souvent de la pudeur des femmes, c'est une attitude imposée qu'il faut respecter dans la culture gitane. Sinon, on risque d'être jugée sévèrement. Pourtant, les hommes sont aguicheurs, séducteurs. D'un regard langoureux, d'une caresse provocante sur la paume de la main, ils demandent de l'amour. Mamo dit que c'est un geste pervers et que Dolly devra aussi apprendre à se méfier de leurs désirs. Mais si seulement Dolly en avait su davantage… À cet instant, elle ignore presque tout des «choses de la vie».

* * *

Antonio la couve des yeux; il tente de gagner sa confiance. Il lui parle de son grand voyage, des danseuses de flamenco si sensuelles, de la musique tsigane si émouvante. Lui, l'Italien passionné, parle avec émotion de son pays à elle, «le plus beau du monde!», s'exclame-t-il. Il se lève même, fait claquer ses bottes sur le plancher pour montrer son enthousiasme. Olé! Il parle et rit fort. Le bébé se met à pleurer. Dolly se précipite dans la chambre pour voir ce qui ne va pas. Une minute, deux peut-être. Pendant ce temps, Antonio a laissé tomber dans le verre de sa proie un comprimé qui se dissout rapidement. Dolly revient à la cuisine, visiblement soulagée.

«Tout est correct? demande Antonio.

– Oui, Victor s'est rendormi. Il avait perdu sa tétine. Tu sais, j'aime beaucoup les enfants. Quand vous en aurez un, Lynda et toi, est-ce que je pourrai aller le garder?

– Évidemment… Mais ça ne va pas très bien entre nous. Ta sœur me trompe. Elle fréquente un autre gars. Une pute!»

Il dit ce dernier mot en crachant par terre.

«Comment ça se peut? Vous vous aimiez si fort…

– Moi, je ne pense plus qu'à une chose, me venger. Je pense que c'est toi qui vas me consoler. Elle avait juste à ne pas me trahir…»

Dolly boit une gorgée de coca-cola, un peu mal à l'aise. Elle ne sait pas quoi dire, ni quoi faire.

«Je te ferai pas mal, tu sais. J'ai juste besoin d'être consolé, comme le bébé. Moi aussi, j'ai perdu ma tétine...», dit-il en reluquant ses seins.

Elle veut changer de sujet. Il s'est levé. Il choisit un disque sur le meuble du salon et fait comme s'il allait lui montrer comment danser le flamenco. Les notes sont cadencées et les instruments, langoureux. Dolly fait un mouvement en faisant résonner ses talons. Elle vacille, étourdie, et s'appuie sur le fauteuil. Il ne la quitte pas des yeux et s'approche encore. Lorsqu'elle tombe dans une sorte de trou noir, c'est entre ses bras qu'elle atterrit. Il la soutient d'abord, comme s'il voulait danser un peu, puis ses véritables intentions se confirment. Son désir grandit. Il la traîne vers le fauteuil. À moitié ivre, il laisse libre cours à ses fantasmes. Il lui murmure des vulgarités qui s'entremêlent à des attouchements, puis lui enlève sa jupe, l'embrasse, la caresse en l'insultant, animé d'une haine sans fond. Inconsciente du viol qui se prépare, Dolly ressemble à une poupée, encore innocente et naïve, qu'un homme sans scrupule s'apprête à souiller, à détruire.

«Je te voulais depuis longtemps... Ma Dolly! T'es trop belle pour appartenir à quelqu'un d'autre que moi.»

* * *

«Aïe!... J'étouffe.»

Quelques instants plus tard, je reprends tranquillement conscience. Une douleur intolérable me réveille, comme si on avait planté en moi la lame d'un couteau. Je crie, j'ai mal... Je me roule en boule.

«Aïe! Lâche-moi!

– Regarde ce que tu m'as fait faire... p'tite garce! C'est de ta faute!» lance Antonio, couché lourdement sur moi.

Je l'entends sacrer. Il est en colère.

« T'aurais pas pu dormir encore dix minutes ! » lâche-t-il en se tournant sur le côté.

Je bouge. Je veux me souvenir. C'est flou dans ma tête. Le choc, les mouvements, la souffrance. Je manque d'air. Il me tient encore les bras. Il se penche sur moi et me retourne. Tout tourne au-dessus de moi. Il veut me pénétrer à nouveau, forçant mes jambes à s'ouvrir. Je me débats. Il me plaque une main sur la bouche, pour que je ne crie pas. Il me fait mal. Je vais vomir. Je l'entends qui respire comme un malade, puis les poussées diminuent. Il râle. Il gémit et retombe sur moi.

« Faut bien que quelqu'un t'apprenne ce que c'est, d'être une femme. C'est mon cadeau… Une belle leçon gratuite ! dit-il en me regardant avec mépris. Les hommes sont faits pour conquérir… Je suis un conquérant ! ricane-t-il en desserrant son emprise. Et toi, une pute, comme ta sœur ! »

Je suis couchée sur le plancher, paralysée par la douleur et la honte. Antonio se relève. Il paraît en colère. Si je parlais… Il semble furieux que je me sois réveillée. Il se penche et me crie à l'oreille :

« T'es mieux de rien dire, jamais ! Tout le monde croira que tu m'as provoqué. Une belle garce… Si jamais Junior l'apprend, il va te tuer. Si tu parles, tu es morte ! As-tu bien compris ? »

Il a remis son pantalon. J'entends la porte claquer. Je ne suis plus vêtue que de ma chemisette déboutonnée. Ma jupe et ma culotte sont plus loin, par terre. Je n'ai pas la force de les saisir. J'ai peur. La douleur me brûle. Je me retourne péniblement sur le ventre. Et la honte monte dans ma bouche, tandis que le plancher tangue comme un bateau ivre.

Je suis seule. J'ai mal au ventre, comme si on m'avait tranchée en deux. Ce goût amer, c'est celui du sang qui souille le plancher. Mais je n'ai rien fait de mal, n'est-ce pas ? C'est le diable, Antonio. Il m'a violée. Je voudrais que Mamo soit là. Pour m'expliquer. Elle sera en colère contre moi. Personne ne me croira, plus jamais… parce que c'est moi qui l'ai laissé entrer, le maudit *gadjo* !

Je me roule sur le côté et tout mon corps se met à trembler. Mes dents claquent. Ma mère va croire que c'est ma faute. Lui dire que le mari de ma sœur est un beau salaud... Qu'il m'a forcée. Mais personne ne m'écoutera. Pire : si je parle, ils vont me punir, me chasser. Je serai une traînée à leurs yeux.

Même quand je ne fais rien de mal, c'est moi qui reçois les coups. J'ai beau leur expliquer que je n'y suis pour rien. Et, pour cette bêtise-là, Junior sera encore plus méchant. Il déteste quand on nuit à sa réputation, quand on le fait paraître mal aux yeux des autres. Et, ça, c'est la pire des offenses. L'honneur du roi vaut plus qu'une petite fille violée.

Les minutes passent. Comme une menace plus grande encore, la peur que quelqu'un me trouve dans cet état m'angoisse. Qu'est-ce que je peux faire ? Il faut me relever... Laver tout. Rien ne doit paraître. Il est minuit. Victor ne s'est pas réveillé. Je nettoie ma culotte tachée de sang ; je l'essore dans une serviette, puis je l'enfile sous ma jupe froissée. L'humidité froide du sous-vêtement me fait du bien. Je me lave vigoureusement. Je me peigne. Mes yeux sont plus grands, plus sombres et tristes que d'habitude. Mais je ne dois plus pleurer, sinon ils verront bien que quelque chose ne tourne pas rond. Je ferai semblant d'avoir dormi...

Les carreaux du plancher brillent à nouveau. Je replace les meubles et les coussins, comme si rien ne s'était passé. Ensuite je vais à la cuisine. En lavant le verre d'Antonio, ma main se crispe comme dans un mouvement de colère incontrôlable. « Maudit *gadjo* ! Sois damné ! » Puis le verre tombe. Mais c'est Antonio que j'aurais voulu briser : il m'a volé une chose sacrée. Pour n'importe quelle fille, c'est sacré, mais encore plus pour une gitane. Qu'est-ce que je vais devenir, maintenant ? Rester vierge est la plus importante de toutes les règles du clan. Avoir perdu cette pureté me fait basculer dans la disgrâce et la honte. C'est pas ma faute... je le jure !

Ma virginité, mon innocence, ma jeunesse sont en miettes. Il y a un grand trou en moi qui saigne. Cette blessure, je la vois s'agrandir de seconde en seconde comme de l'huile qui se répand, je suis toute sale de cette tache. J'ai mal au cœur. J'étouffe en pensant qu'il est entré en moi, et puis, comme si de rien n'était, il est parti. Ne pas le dire. Faire semblant que ce monstre n'est pas venu. Mentir? Ravaler ma honte! Si seulement je pouvais parler à Mamo. Impossible. Je suis piégée. Je dois me taire. Je dois enfermer cette chose dégoûtante en moi. Et personne ne doit savoir; j'emprisonne ce secret et jamais je ne pourrai m'en délivrer. Je ne veux pas perdre ma famille, même si j'étouffe.

Je n'ai pas le choix: sans les gitans, je vais dériver, m'égarer... Le mensonge est ma seule protection.

De retour de leur sortie, les parents de Victor ne remarquent rien et me ramènent à la maison, comme d'habitude. Mais plus rien ne sera jamais pareil. Tout le monde dort. Je pleure en silence. L'enfance est terminée pour moi.

Ma prison, c'est le clan et ses règles. La peur d'être rejetée me suit à chaque instant, depuis ce viol qui restera à jamais impuni. J'ai beau agir comme si rien ne s'était passé, je ne peux effacer ce geste de ma mémoire. Chaque nuit, je me réveille en sueur après avoir fait et refait le même cauchemar. Dans la rue, je sens le regard bizarre des hommes posé sur moi, leur envie de me prendre de force. Je tremble rien qu'à y penser. Je n'ai personne avec qui en parler.

Avoir douze ans, c'est donc ça? Je commence mon adolescence avec ce poids si lourd sur ma poitrine, le souvenir du violeur qui s'enfuit en ricanant pendant que mon enfance agonise. Désormais, qui voudra m'épouser? Je vais perdre la face et toute ma famille en paiera le prix.

Après cette déception, j'agis comme si ma vie n'avait plus de valeur; je commence à prendre des risques. Lorsque mes parents sont occupés ou endormis, j'ouvre la fenêtre de ma chambre et me glisse sans bruit dans la nuit. Le noir m'avale. Je marche jusqu'au boulevard Henri-Bourassa. Parfois, des amis m'attendent, insouciants fêtards. Je veux oublier, m'étourdir.

Je sais que je transgresse les règles et je meurs de peur. Pour me donner du courage, il m'arrive de fumer un joint, de boire les restes de cognac ou de bière. Alors, j'ai moins mal, j'ai moins froid, mais je sais que je trahis les miens. Pire encore, c'est mon âme que je gèle. Mon mal se dissout. Je me sens mieux quand j'arrive à ne pas ressentir cette tache qui ne veut pas s'effacer. Depuis cette nuit où mon enfance s'est terminée, je lutte à chaque instant contre la peur lancinante de tout perdre en une seconde, car si quelqu'un savait, devinait, soupçonnait que je ne suis plus la petite Dolly encore vierge, je mourrais seule et reniée de tous.

Les femmes qui l'ont vécu le savent. Elle est partout autour de nous et en nous, la crainte d'être violée… Toujours observer, me questionner, me sentir vulnérable, avant d'ouvrir une porte, de tourner un coin de rue. Je regarde avec inquiétude autour de moi et mon cœur se met à battre de crainte… parce qu'on ne sait jamais.

Je photographie dans ma tête les visages qui se trouvent derrière ou devant moi. Je ne cesse de dévisager les inconnus pour tenter de décoder ce qu'ils pensent en me regardant. Je ne suis en sécurité nulle part. Ma douleur est branchée en moi, dans mon système nerveux, comme un système d'alarme.

Antonio a cassé ma vie. Pire encore, il m'a enlevé le droit de parler car, si je prononce le moindre mot, Mamo va tout deviner, et, si je crie, c'est le clan au complet qui me rejettera. La peur en moi, sournoise petite bombe à retardement, pourra-t-elle un jour être désamorcée ?

Chapitre II

Ma seconde nature

«Reste là, sur les toilettes, et ne dis rien, rien, tu m'entends ? Ne parle pas ! Ne pose pas de questions ! » hurle Mamo, très énervée.

Sa nervosité m'indique que l'heure est grave. Si elle me demande de faire quelque chose, c'est qu'elle sent le danger qui rôde. La peur de ma mère se glisse en moi et je frissonne en baissant mon pantalon. Lorsque les policiers sont arrivés, le visage de ma mère s'est transformé. Madame Anita, comme l'appelait l'homme en uniforme, les a accueillis en souriant, comme si elle n'avait rien à craindre. Junior, blanc comme un revenant, écoute sans rien dire. Mes parents ne sont pas dans cet état, d'habitude. Le danger, comme ils disent tout le temps, c'est la police.

«Vous êtes soupçonnée d'activités illégales, dit le policier en enfonçant les mains dans ses poches. On va fouiller votre maison. On a un mandat. Attendez ici... »

Elle ne dit rien. Dans ces cas-là, elle se fond dans le décor, Mamo, mais ses yeux travaillent. Pas un geste ni un regard du policier ne lui échappent. Il crie des ordres à ses hommes. J'entends les tables qu'on retourne, les tiroirs qu'on renverse sur le sol, les assiettes qui se cassent. Même le grand pot de grès dans lequel Mamo cache son argent, son HO^4, comme elle dit, se

---

4. En manouche : Le bas de laine, la cachette d'argent.

retrouve par terre. Elle a eu le temps de tout enlever. Pourtant, il ne s'est écoulé qu'une minute ou deux entre l'appel téléphonique et la grosse voix du policier lui ordonnant d'ouvrir la porte. Dans un sac à ordures, elle a jeté tous les papiers pêle-mêle, puis elle a caché ce sac derrière la cuvette des toilettes. Moi, je dois les empêcher de venir fouiner par ici... J'ai l'impression de porter sur mes épaules tous les secrets de la famille. Si je ne joue pas bien mon rôle, ils iront tous en prison. J'en mourrai. Alors, j'obéis, un point c'est tout !

« Qu'est-ce qu'elle fait là, elle ? demande un policier.

– Elle est malade depuis hier. Une indigestion ou la gastro... Un truc qui ne sent pas bon du tout », dit ma mère.

Je me plains un peu en feignant d'avoir mal au ventre. Le policier regarde tout autour de moi, ouvre les armoires et jette les serviettes par terre. Puis il se penche sous le lavabo, à la recherche d'une cachette. Il allume sa lampe de poche. Ensuite il examine le plafond, à l'affût d'une marque, d'une fente dans le bois, d'un espace qui trahirait une planque. Rien.

« Mamo, j'ai mal ! Apportez-moi de l'eau ! dis-je en faisant semblant de pleurer.

– Vous devriez la faire soigner, la petite, elle ne va pas bien, ajoute le chef en sortant de la salle de bains.

– Je vais lui donner à boire. Ça va passer, dit Anita en me rejoignant.

– J'ai mal au cœur... Vite ! »

Alors qu'elle retourne chercher un verre dans le vieux buffet, elle a les mains qui tremblent. Je la vois blêmir et s'éponger avec son tablier rouge, de la même couleur que son foulard. Le policier a trouvé dans un tiroir de ce buffet un livre qui contient des noms de clients. Il le feuillette et n'y voit que des recettes de cuisine, des photos, des vieux tickets que Mamo a collés au début et à la fin du livre. Sans le savoir, il saute les pages compromettantes.

Ma mère garde son calme. Moi, je sais qu'elle écrit souvent dans ce livre. Presque tous les jours, elle y inscrit des chiffres et des noms. Un jour où je n'arrêtais pas de lui poser des questions à ce sujet, elle m'a dit que c'était comme moi, quand je faisais mes devoirs. Elle avait de bonnes notes, surtout avec les chiffres. J'ai bien peur que, cette fois, elle passe un mauvais quart d'heure, un examen très difficile.

Junior essaie de cacher sa colère sous un regard plus sombre encore que d'habitude. Il aime l'argent, parce que c'est synonyme de pouvoir. Ceux qui en ont peuvent acheter tout ce qu'ils veulent, même des policiers, et ils ont des tas d'amis. Mon père aime la popularité que l'argent apporte, car il peut boire, payer un verre à ses copains et faire la fête sans se soucier de rien. Il dit souvent, surtout quand il a bu un coup de trop, que «Mamo a un talent fou pour dire la bonne aventure», que «les billets lui tombent dans les mains sans peine». Alors, lui, il les dépense, ces *louvais*[5]. En ce moment, songeur, Tâté[6] ose à peine respirer. Il lit la déconfiture sur les traits de ses visiteurs. Hésitant, le chef des policiers lisse sa moustache graisseuse. Puis il laisse tomber le livre par terre, lourdement. Il espère provoquer un mouvement de panique, une réaction impulsive qui trahirait la cachette.

Mamo se retient d'aller ramasser le livre. Ce serait montrer son intérêt pour l'objet. Le livre de comptes est ouvert à la page du mois dernier, avec des noms griffonnés. Certains sont soulignés au crayon rouge. Il y a aussi des numéros de téléphone. Heureusement, le Sherlock Holmes ne regarde plus par terre. Il s'est approché de la présumée fraudeuse, l'air menaçant.

«Vous vous en tirez encore, pour cette fois. Mais on va vous avoir à l'œil, lance-t-il avant de rappeler ses hommes. Venez, les gars. On rentre.»

Les policiers sont partis, les bruits de pas s'éloignent dehors, et Mamo s'appuie contre la porte. Deux grosses larmes lui coulent sur les joues. Ses mains jointes remercient le ciel.

«Merci, mon Dieu! On l'a échappé belle! Ils ne nous lâcheront donc jamais, ces damnés policiers.»

---

5. En manouche: Des sous, de l'argent.
6. En manouche: Papa.

Elle me relève de ma fonction. C'était mon premier rôle de composition. Je suis bonne comédienne, déjà. Car je crois bien que, ce jour-là, j'ai «acté», comme elle dit, pour de vrai. Mentir, pour la plupart des gitans, est une seconde nature; l'antidote à la peur constante de se faire prendre la main dans le sac. Le ciment de la protection du clan, aussi, surtout quand il y a des troubles en vue. Car Mamo m'a bien enseigné la prudence, en premier lieu, avant les autres choses qu'une petite fille doit savoir. «On ne peut avoir confiance en personne, jamais, mis à part les membres de la famille.» Je suis une bonne élève à l'école de la vie et, déjà, pour me protéger des colères ou me sortir d'un mauvais pas, j'invente des histoires. On me croit sur-le-champ. Et quand je dis la vérité, je me fais punir! Ils sont drôles parfois les adultes: pour un mensonge réussi, ils me félicitent de dire la vérité et me récompensent. C'est trop facile. Comme un jeu du chat et de la souris.

Junior prend une bière dans le frigo. Puis on remet tout en ordre. À part une statuette de la Vierge des Sept Douleurs, cassée par le policier qui voulait voir si ce n'était pas là une cachette à toute épreuve, chaque objet reprend sa place.

«On va en acheter une autre, t'inquiète pas. Et on va faire brûler un lampion à la paroisse aussi», me dit Mamo.

Dans le sac à ordures caché derrière les toilettes, il y a des liasses de billets mélangés, d'autres enroulés et retenus par des élastiques. J'aide à replacer le tout, pendant que Junior rejoint mes frères au garage où ils travaillent.

«Je peux t'aider à compter, comme si on jouait à apprendre le calcul?

– Bon, mais tiens ta langue!»

On s'est arrêtées à quarante-deux. Une pile de quarante-deux billets de mille dollars. C'est le fruit du travail de Mamo. Je savais que c'était beaucoup d'argent pour une famille. Mamo semblait penser que c'était une somme normale pour un HO. «Une bonne mère se doit de tout prévoir, car on n'est jamais assez prudent... », répète-t-elle sans arrêt. Elle enroule des billets dans une serviette de toile qu'elle glisse ensuite dans son soutien-gorge. C'est son *broque*[7]. Et dire que tout le monde croit que ma mère a une forte poitrine ! Moi, je l'ai vue souvent prendre ou mettre de l'argent dans sa « banque », comme elle dit, juste en tournant le dos aux gens. Elle cache aussi des rouleaux ou des paquets dans les matelas et les oreillers, ou ailleurs dans la maison. « Même si on croit m'avoir tout volé, je ne risque pas d'avoir *bokali*[8] un jour, dit-elle en mettant un doigt sur ses lèvres. Chut ! Secret ! Silence ! Croix de bois, croix de fer, si tu parles, tu vas en enfer ! » Évidemment, je ne dis jamais à personne ce que je vois ni ce que j'entends. J'ai bien trop peur...

La peur de manquer d'argent est une inquiétude constante dans la famille. Mamo porte sur elle jour et nuit une somme importante, et personne ne pourra la lui prendre sans la battre ou la tuer. Après qu'elle eut allaité ses huit enfants, son soutien-gorge est demeuré bien rond, même quand la pourvoyeuse a remplacé la nourrice.

« Ça, c'est pour toi, ajoute-t-elle en me donnant un billet de cent dollars. Va avec Jade t'acheter des friandises. Tu m'as rendu un fier service aujourd'hui.

– Tu ne viens pas avec nous ?

– Pas le temps. J'ai un client, et après les hommes vont revenir. On va leur faire un bon souper.

– Pourquoi Tâté ne garde pas d'argent dans ses poches ? »

Mamo me regarde. Elle se demande si je suis assez grande pour comprendre la vérité ou s'il vaut mieux me répondre n'importe quoi. J'ai bien vu que, l'argent, mon père ne sait pas vraiment combien il y en a dans la maison. Pourquoi Mamo lui cache-t-elle son butin ?

---

7.   En manouche : Un portefeuille caché, une provision d'argent cachée.

8.   En manouche : Avoir faim, jeûner, être dans la misère.

« Quand un gitan a de l'argent, il s'habille bien, est toujours élégant, et sa richesse se voit. Le problème, c'est que ton père est trop généreux. Il va aux courses à Blue Bonnets et son prétexte, c'est qu'il a acheté des chevaux. Il faut bien qu'il aille les voir, qu'il s'en occupe, mais, du coup, il flambe tout ce qu'il a, quand il ne dépense pas tout en buvant. C'est un grand roi, c'est vrai, un personnage important dans la ville, tu peux en être fière ! Je le respecte, mais… je le protège de son petit défaut, tu vois. Si je lui donne tout, il dépense tout ; si je lui en donne moins, il en restera assez pour la famille, quoi qu'il arrive.

– Les autres familles gitanes n'ont pas autant d'argent que nous ? Je crois que Tâté aime dépenser parce qu'il ne sait pas compter. Il pense juste à s'amuser !

– C'est ce que je dis, il aime trop en donner. Tu aurais dû voir ça, quand on est venus à Montréal. Au début, on n'avait rien du tout. Puis, avec de l'argent, les choses ont changé. D'autres clans ont essayé de nous évincer. Le pouvoir, c'est Junior qui l'a et il ne le lâchera pas !

– Oui, mon père, c'est le plus fort !

– À Toronto et aux États-Unis, sa réputation est faite : c'est l'autorité à Montréal. Je le protège contre lui-même. Il aime la *bouki*[9] et moi je vous aime tant, ma famille. Alors, c'est mieux que je garde le trésor. Je suis prudente, tu vois, conclut-elle en mettant ses deux mains sous son soutien-gorge bien rempli. Moi, je sais comment épargner. »

C'est vrai que ma famille commence à peine à se sortir de la pauvreté. Les plus vieux se sont mis à travailler ou se sont mariés, mais il y a encore six jeunes qu'il faut nourrir et envoyer à l'école. On fait aussi des échanges avec les autres familles du clan. Tâté, mon père, règne sur le « village » de Montréal. Les autres le respectent. Il peut entrer dans n'importe quelle maison gitane. En cas d'urgence, une famille peut tout quitter pour se réfugier dans un autre quartier,

---

9. En manouche : Le travail, les affaires, le business.

changer de ville, disparaître sans laisser de traces. Recommencer sa vie ailleurs. On se fait oublier, puis, quand de nouveau les voisins se plaignent, quand un dossier de police tourne mal, on s'enfuit encore une fois. Le soleil brille toujours quelque part...

«La plupart du temps, un policier dans le secteur est de mèche avec le clan», m'a expliqué Mamo pour me rassurer. Mon père prend bien soin de lui donner une bouteille de Rémy Martin et quelques billets de cent dollars pour sceller leur bonne entente. «T'as pas à avoir peur, ma poupée[10]. Tu vois, celui-là qui entre dans le bar de l'autre côté de la rue, dit Mamo en s'approchant de la fenêtre et en montrant du doigt un grand moustachu, regarde-le bien, car c'est un ami. S'il t'arrive quoi que ce soit, tu peux aller lui dire que tu es la fille de Junior.»

La peur est une mauvaise herbe que Mamo veut me voir cultiver : cela la rassure de me savoir prudente, vigilante, inquiète et prête à sauver ma peau quoi qu'il arrive. Plusieurs fois, on a reçu des appels d'avertissement, comme aujourd'hui. C'est devenu pour moi, au fil du temps, comme un jeu. Je fais semblant, comme ma mère me le demande.

Un jour, je me suis posé une question très importante : pourquoi Mamo, qui est une voyante très connue – la meilleure en ville –, ne devine-t-elle jamais la razzia avant tout le monde ? Question de concentration, sans doute. Elle voit tout quand elle a un client devant elle, avec le porte-monnaie ouvert sur le désir de savoir ce que sera demain. Lorsque deux ou trois billets de banque sont placés entre eux, sur la table recouverte de la nappe rouge, ses dons se manifestent.

La chambre de voyance me fascine et souvent je regarde comment Mamo fait pour trouver le bon mot. Dès le début, selon qu'il s'agit d'un homme ou d'une femme, elle ajuste son approche. Le mystère plane entre les rideaux de velours rouges, où vacille la lueur des bougies ; statues et images placées çà et là rejoignent toutes les

---

10. D'où mon nom, Dolly.

croyances. Si la personne fait son signe de croix, si elle pose son regard sur saint Antoine ou sur la Vierge du Portugal, si elle connaît sainte Anne ou la Vierge Marie, on devine ses croyances catholiques. Par contre, si elle ne réagit pas aux icônes de Jésus en croix, c'est une autre approche. Pour ces clients-là, il y a la boule de cristal et son halo, les lames du tarot, les pyramides de Jérusalem et aussi, parfois, un simple jeu de cartes. La personne qui cherche le réconfort, qui doute d'elle-même, qui subit le mauvais sort, se trahit par son attitude, ses mots, révélant peu à peu ce qu'elle veut entendre. Et Mamo le dit dans un style convaincant. Je vois son visage s'illuminer dans la lueur des bougies. Elle a une façon impressionnante de placer sa main chaude et ronde sous celle du client. Elle vend du réconfort, de la «rassurance», comme elle dit…

Aujourd'hui, je me sens fière d'appartenir à la famille Demitro. Oui, la visite des policiers a provoqué une tempête, mais la vie reprend toujours son cours. Je trouve que j'ai une belle vie, malgré l'inquiétude constante. Car tout peut bien aller, et puis, en une seconde, il peut arriver n'importe quoi. Si les policiers avaient trouvé les noms…

Mamo en a pour une bonne heure avec son client. Ma récompense en poche, je sors avec Jade et nous marchons jusqu'au magasin Lasalle. Je flâne longtemps. J'achète finalement des bonbons et des ballons non gonflés que je m'amuserai à remplir d'air ou d'eau.

Personne ne le sait, mais je pique souvent des billets en cachette, même si on me donne de l'argent, juste pour voir si on va m'attraper. Pour me justifier, je me rappelle l'histoire que Mamo m'a racontée à propos des gitans qui sont devenus amis avec Jésus. Il leur a donné la permission de voler, parce que, au moment d'être crucifié, l'un des nôtres lui avait épargné la souffrance d'avoir davantage de clous dans ses mains et ses pieds. Les gitans peuvent voler, mais ne doivent pas être pris à voler… Je travaille vite et personne ne voit rien. Je suis une vraie Rom[11] !

---

11. En manouche : Romanichelle, gitane.

Chapitre III

La cruelle vérité

J e n'avais que cinq ans lorsque mon univers a été ébranlé par une révélation de ma sœur Sofia. Ses paroles m'ont fait douter de ma place au sein du clan. J'avais mal agi en tentant de lui voler son argent, mais la conséquence de mon geste devait me hanter constamment à partir de ce jour…

«Je vais te tuer, espèce de voleuse!»

J'ai choisi de courir… Mais elle court bien plus vite que moi, Sofia. Entre les maisons, derrière les poubelles, je tente de me faufiler sans échapper mon précieux colis. La boîte où ma grande sœur accumule son argent de poche depuis des mois, je l'ai placée sous mon chandail. Ma sœur me talonne. Je sens sa main qui m'agrippe. Je tombe. Sa rage est rouge et noire. Une furie.

«Tu vas en manger toute une! lance Sofia en me clouant sur le sol froid.

– Je voulais juste m'acheter des bonbons…», dis-je en pleurant.

Elle veut tellement réaliser son rêve! Ma sœur garde précieusement tous ses sous pour aller voir le spectacle de Donny Osmond, son idole. Sur un mur de sa chambre, elle a punaisé un poster de Donny et sa carte de membre du *fan club* qui lui procure de petits privilèges qu'elle collectionne avec passion. Elle rêve de le voir en personne; elle veut avoir son autographe; elle achète tous ses disques. Lui voler son argent, celui avec lequel elle comptait acheter son billet pour le concert de la semaine prochaine, c'est un crime grave. Elle en perd la tête.

« T'es pas ma sœur ! Tu fais même pas partie de la famille ! J'te déteste !

– Tiens, je te la rends, ta boîte ! Je te demande pardon.

– Je te dis que t'es pas ma sœur… Tu l'as jamais été. Idiote. Ton père, c'est Ritchie, et moi je suis ta tante. À partir d'aujourd'hui, je ne veux plus rien savoir de toi. Je te hais, *gadji*. T'es juste une *gadji* !

– Ce n'est pas vrai. Tu mens. Je te promets que… Je voulais juste m'acheter des bonbons.

– Ben c'est vrai pareil. Ta mère est rien qu'une pute ! T'es la fille d'une pute… »

Elle me bombarde de mots que je ne saisis pas très bien. On est de la même famille, depuis toujours, des sœurs. Elle est plus vieille que moi, c'est tout, non ?

« Et Mamo ? Et Tâté ?

– Ce sont tes grands-parents, tiens donc ! Tu avais huit mois quand on t'a prise avec nous. On a eu pitié. Un bébé même pas gitan…

– Tu veux me faire de la peine… Je sais que t'es ma sœur, dis-je en pleurnichant.

– Fiche-moi la paix. Pis si tu touches encore à mes affaires, je te tue ! »

Sofia m'abandonne par terre et s'en va. Je me relève. Il fait noir dans la ruelle. Je suis couverte de saleté. Mes pieds sont tout collants. J'ai marché sur de la gomme à mâcher. Sofia a tourné le coin et s'est mise à courir. Elle dira sûrement à Mamo que j'ai volé son argent. Elle va me punir, ma mère…

C'est impossible, ce qu'elle a dit. Ce n'est pas la vérité : elle est seulement en colère. C'est pour être méchante. Mamo et Tâté sont mes parents. Ils prennent soin de moi depuis toujours. Malgré tout, un doute me turlupine. Ma famille, ce serait qui, alors ?

J'erre dans la ruelle, je regarde les poubelles. Je n'ai pas hâte de rentrer. Mais je reviens finalement à la maison. Pour être gentille, je nettoie les souliers de Tâté, laissés sur les marches, pour qu'ils soient bien propres quand il les chaussera demain.

On est quand même une drôle de famille. Je me sens un peu à part, même si j'aime tout le monde. Ici, il n'y a pas d'horaire, mais la peur des colères domine. Mamo est toujours occupée avec des clients, derrière les rideaux de velours rouges. Tâté rentre tard, souvent il a bu. Ses vêtements sont toujours propres. Ils continuent de sentir son parfum, même quand il les enlève. Ils viennent de chez le tailleur, comme ses cravates de soie et ses chemises qui portent ses initiales brodées. Ses chaussures italiennes faites à la main sentent le cuir. Il vend des voitures, mon père, ou des pièces pour les réparer. Il passe ses journées à discuter, à tenir des réunions, à faire des plans pour aider les amis. Il déjeune avec des gens importants, veut se montrer avec les notables, et soupe parfois en compagnie des gens haut placés qui tirent des ficelles. C'est un politicien de la rue. Ses habits fraîchement repassés font bonne impression, comme ses souliers vernis. Pas étonnant que tout le monde le connaisse, le salue en levant son chapeau. Il sait rendre service… C'est quelqu'un de très généreux. C'est sa carte de visite. «Aimerais-tu que je te donne un coup de main? On ne va pas te laisser tout seul, l'ami… Je connais quelqu'un de fiable…», qu'il dit toujours. Le soir, il a l'air fatigué quand il rentre.

Ce soir, j'essaie de passer inaperçue. Je regrette d'avoir volé la boîte de ma sœur. Je vais me coucher sans dire un mot. On a des lits superposés, avec des oreillers, mais sans draps. Je me roule en boule et je m'endors. Mon sommeil est agité. Je me sens prise, je cours. Je fuis. J'ai peur. Tout le monde me déteste. Je vais me faire attraper. Je n'ai rien fait… Le même cauchemar revient très souvent. Je suis effrayée et je me lève. Il n'y a plus personne dans la maison. Toutes les chambres sont vides. Il y a du papier dans les fenêtres, du papier journal jauni. Plus aucun meuble. Je cherche

Mamo, mais personne ne répond à mes cris. Je retourne dans mon lit en pleurant.

Quand je me réveille pour de vrai, je pleure sans bruit. Je me lève pour faire pipi. Mon nez coule et j'étouffe. Je tousse un peu. Je me sens mal, si petite et toute seule ! Je tremble en pensant que c'est un danger terrible que d'être abandonnée, même si on est moi toute petite dans une si grande maison. Les bruits m'effraient. Je n'ai plus qu'à me recoucher. Mais j'ai peur que mon cauchemar recommence, alors je me promène dans la pénombre comme une âme en peine. Je veux absolument être indispensable aux miens.

Je réfléchis. Qu'est-ce que je peux faire pour qu'on m'aime ? Je ne sais pas. J'ai souvent des punitions, rarement des compliments. On me dit seulement que je suis belle, mais, ça, j'y suis pour rien. Quand je fais quelque chose de bien, je voudrais qu'on le voie ! Même Jade, ma sœur la plus proche, me regarde avec méfiance. Elle est jalouse. Elle ne veut pas que Junior m'aime. Elle me dénonce toujours, elle lui dit que je fais des mauvais coups pour qu'il me batte. Et Sofia, maintenant, qui va tout leur dire. Elle est plus grande, plus intelligente que moi. Je ne pourrai jamais me défendre. Même si je jure de ne plus recommencer.

Les méchancetés qu'elle m'a criées tournent dans ma tête. Je me regarde dans le miroir. Mes yeux sont différents, mes joues aussi. Et je suis mince comme un fil, alors que Jade est toute ronde. Ma peau est un peu plus blanche que la sienne. Mamo n'a jamais rien dit. Juste : «Toi, tu es ma poupée, ma surprise.» Et sur mon cou il y a cette marque. Ici, c'est ma famille ! Je ne dois rien dire… C'est peut-être un autre de ses gros mensonges. Elle fait exprès pour me faire de la peine, ma sœur. Je vais faire semblant que je n'ai rien entendu… J'ai trop peur d'être chassée du clan, exclue, comme Tâté le dit. Mais cela arrive seulement si on fait confiance à un *gadjo* ou si on se marie avec un étranger, non ?

Il y a une photo de famille accrochée au mur. Je regarde les visages. Ritchie est le plus vieux de mes frères et aussi le plus beau. Si c'était lui, mon vrai père, comme l'a dit Sofia, alors qui est ma mère ? Impossible de savoir. Je ressens une sorte de fascination envers lui, que je n'arrive pas à m'expliquer encore. Pourtant, lui, il ne fait pas attention à moi ; Sofia doit se tromper !

Je retourne dormir. Je décide de faire comme si je ne savais rien. Jouer à faire semblant. Je ne suis plus un bébé... Quand je serai grande, je vais bien le savoir si elle a menti, Sofia. Et, mentir, c'est aussi grave que voler des bonbons. Je m'allonge sur mon lit sans avoir trouvé la réponse. Le vrai et le faux se ressemblent parfois... Heureusement, quand je dors, je ne sens plus le froid ni la peur. Mais je déteste les cauchemars qui ne me lâchent plus...

* * *

La maison prend des airs de fête aujourd'hui. Notre grande table est couverte de nourriture. Il y a des gens partout qui rient et qui boivent. Les lumières de Noël scintillent aux fenêtres. Au centre de la table, on a couché sur un grand plat un petit cochon qui a une pomme dans la gueule. Une odeur de cuisine flotte dans l'air : ça sent les pâtés, les saucisses et les patates. Sur les petites tables, il y a des plateaux avec des bonbons de toutes les couleurs. Tout le monde s'assoit et chacun remplit son assiette. D'abord les hommes, ensuite les enfants, et finalement les femmes. C'est la coutume. Les grands causent en riant, se racontent des histoires. Une fois tout le monde servi, Tâté se lève et dit à la ronde qu'il faut bien manger pour profiter de la vie ! Et on fait tinter les verres, comme des clochettes. L'alcool, la bière, le jus et l'eau, ça fait le même bruit. Nos assiettes ont de l'or tout autour. Je n'ai plus faim, mais je mange tout...

Mamo est plus belle que d'habitude. Elle rit fort et agite ses bracelets. Elle porte une robe de gitane aux couleurs vives comme le soleil. Son foulard est noué sous ses cheveux noirs. Elle a mis du fard sur ses joues, de la poudre qui sent bon, mais aussi du rouge à lèvres, on dirait du sang. Ce n'est pas tous les jours qu'elle est si jolie, car la coutume interdit aux femmes de se parer de façon provocante. Son ceinturon tout en or me fascine. Ses bijoux lui donnent une allure de reine, comme dans les contes. Quand personne ne peut plus rien avaler, on passe dans l'autre pièce, immense, où tous les meubles sont entassés dans un coin.

« Dolly, viens danser pour nous, ma poupée, dit Mamo en faisant signe à Ritchie de jouer mon air préféré à la guitare.

– Je ne veux pas… Ça me tente pas !

– Tu vas faire plaisir aux invités. Va ! ajoute-t-elle en se penchant à mon oreille, d'une voix plus molle que d'habitude. On va taper des mains. Fais juste écouter la musique ! Laisse-toi aller ! »

Elle porte son verre d'anisette à la bouche et m'encourage d'une tape dans le dos. C'est la seule boisson qu'elle prend, avec un grain de café pour le parfum, explique-t-elle à sa voisine qui demande à y goûter. Alors que le rythme me gagne, je m'avance au centre du groupe et je fais rouler mes hanches, comme ma mère me l'a appris. Les yeux de Junior se posent sur moi. Il sourit avec un peu de fierté au coin de l'œil.

« Mon bébé ! Ma dernière fille, ça ! Ben belle ! Pas aussi fine que Jade, mais elle danse et chante bien pour son âge.

– T'es ben chanceux, commente un ami qui a lui-même un seul fils, âgé de huit ans.

– Tu as vu ses yeux ! On dirait qu'elle devine nos pensées. Elle a un don. Une voyante naturelle, ajoute Junior en me suivant du regard.

– Mon petit Tom aimerait ça, avoir une petite sœur. Ma femme a été trop malade, elle peut plus en avoir d'autres. J'aime mon gars, mais je t'envie. Toi, t'as eu cinq filles. »

Dans l'ambiance effervescente de la soirée, Junior se redresse et bombe le torse. Mes sœurs aînées Odette, Lynda et Sofia sont déjà grandes. Jade et moi sommes encore des enfants, mais, de nous deux, c'est quand même Jade sa préférée. Il vendrait son âme pour la faire rire. Quant à moi, je suis celle que Mamo cajole encore malgré mon âge. Junior me regarde parfois avec méfiance, craignant que je lui porte malheur. Je ne le sais pas encore avec certitude, mais j'ai du sang de *gadji* qui coule dans mes veines. Junior ne peut pas l'oublier, même lorsqu'il roule sous la table, ivre, et qu'il se met à pleurer. Toute la colère qui bouillonne en lui quand il est à jeun se dissout dans l'alcool à mesure que la fête avance. Je retourne jouer dans un coin. Mamo chante une chanson. Puis Jade danse à son tour. Tom, l'enfant unique dont le père possède un magasin, me rejoint, timidement. Il veut me parler.

« Quand je serai grand, je voudrais me marier avec toi. Tu es la plus belle fille que j'aie jamais vue, me dit-il dans l'oreille en rougissant.

– Ben moi, je veux marier un prince.

– Mon père a beaucoup d'argent. Je pense que je suis mieux qu'un prince… Un riche et beau mari qui va t'aimer. Veux-tu être ma princesse, Dolly ? Je vais peut-être aussi avoir un château quelque part, en Espagne ou ailleurs, un jour ! »

Je l'ai regardé. Tom est gentil.

« Je ne sais pas où c'est, l'Espagne… »

Il m'a montré une photo qu'il avait dans sa poche : une danseuse de flamenco. J'ai trouvé la fille très belle, une vraie gitane, avec sa chevelure noire qui lui tombait jusqu'à la taille. Couverte de bijoux et habillée avec goût, dans une robe moulante qui soulignait ses courbes à la perfection. Son maquillage me rappelait celui de Mamo en cette journée de fête. Sur sa tête, une sorte de parure en brillants. Tom ne savait pas ce qu'il venait de faire.

Je voulais garder la photo. Remplie d'émotion, je me projetais dans l'avenir avec cette image admirable. Je me disais : je serai comme ça, moi aussi, plus tard. Je me tiendrai la tête haute, avec ce regard séduisant cerclé de noir, et on admirera ma robe qui touchera le sol derrière moi comme une traîne de mariée. Mes souliers seront aussi brillants que ceux-là quand je les ferai danser en frappant le sol au rythme de la musique. Je ne voulais pas dire à Tom à quel point j'étais troublée par cette vision, mais il était clair pour moi que je voulais devenir la femme confiante et sensuelle de la photo.

« Tu es gentil de me laisser la photo… Je t'aime ! dis-je en lui donnant un baiser sur la joue. On pourra peut-être se marier un jour, mais je ne suis pas encore certaine. On en reparlera la prochaine fois qu'on se verra. Je suis trop fatiguée pour me marier ce soir… Je veux aller dormir. »

Je déniche une couverture et me blottis par terre, dans un coin de ma chambre. Les lits serviront pour les grands qui assistent à la fête. Nous, les enfants, on va dormir sans déranger personne. Je viens à peine de m'endormir, rêvant à la vedette que je serai un jour, quand mon père vient me secouer. J'ouvre péniblement les yeux. Il est là qui me frappe, dans une grosse colère et à demi ivre.

« Le fils de l'épicier t'a parlé… Paraît que tu veux l'épouser. C'est moi, le chef du clan, et personne d'autre que moi décide qui va se marier ou pas. Tu vas marier un gitan que j'aurai choisi, sinon je te renierai. Est-ce clair ? »

Puis, il me laisse retomber comme une poupée sans vie sur le plancher.

« J'vais t'obéir… J'vais t'écouter. »

À ces mots, il se relève en titubant pour retourner à la fête. Je me roule en petite boule, sur un bout de tapis qui me sert de couche. Ce soir, il n'en fera pas plus, mais, souvent, quand il est en colère ou que l'un de nous a fait une bêtise, il nous place tous en rang, enlève ses grosses bagues en or et ses diamants, et il nous frappe à tour de rôle, même si on n'est pas coupables. C'est un père injuste et souvent je le déteste, car la plupart du temps je n'ai rien fait pour mériter sa colère et sa violence.

J'entends la musique tsigane qu'on joue très fort ; les airs entraînants et le rythme font tout oublier aux gitans. Avec une soif de vivre et un sens de la fête incroyables, ils oublient l'heure et le lieu, les problèmes et la réalité. L'alcool fait partie de la fête : il n'en manque jamais. Est-ce cela qui réchauffe les amitiés ? Au cœur de cette fraternité gitane, c'est la loi du grand partage qui règne. Les hommes du clan se mettent en cercle sur le coup de minuit pour porter un toast : « *Boch hi shas ti mos*[12] ! »

Je me réveille au milieu de la nuit avec le cœur qui veut sortir par ma bouche. J'ai trop mangé... Je regarde les gens s'amuser et Junior qui danse avec Mamo. Même l'état de demi-sommeil dans lequel je me trouve ne peut étouffer les questions qui font irruption dans ma tête... Je me demande pourquoi mon père est si sévère avec moi. Malgré tous mes efforts de gentillesse, il me rejette. Je ferais n'importe quoi pour qu'il m'aime, pour qu'il se penche sur moi avec affection, pour qu'il m'écoute quand je lui raconte ce que j'ai fait de bien. C'est lui mon roi, et je suis la princesse... Mais il me semble qu'il est toujours fâché et qu'il me punit pour des riens. Je l'aime malgré tout, même si j'ai l'impression qu'il n'est content que lorsque je pleure...

---

12. En manouche : À la chance, au meilleur !

Chapitre IV
La gardienne

J e dormais encore. Jade aussi. Même s'il y a de l'école ce matin, Mamo ne m'a pas réveillée. Il y a eu une autre fête hier et, bien qu'il soit midi passé, personne n'a encore ouvert l'œil. Tout à coup, le tintement de la sonnette brise le silence, puis des coups frappés contre la porte. Qui est-ce? Un policier? Non, il serait déjà entré, si c'était ça. C'est différent, cette fois. Mamo se lève et ses cheveux sont en désordre. Elle soulève un coin du rideau. Il y a un couple dehors.

«Junior, c'est elle!» lance-t-elle en direction de la chambre.

Sans attendre qu'il réponde, elle descend ouvrir la porte. Elle parle à voix basse, et je n'entends pas grand-chose. Curieuse, je me lève pour aller voir. Jamais vu ces gens-là. Ce ne sont pas des clients, en tout cas. J'ai comme un pressentiment bizarre.

«Anita, je veux absolument la voir, dit la grande femme blonde en s'avançant jusqu'au pied de l'escalier. Où est-elle?

– Elle dort en haut. Je vais l'appeler. Mais ne dites rien, sinon, c'est la porte. Elle n'est pas au courant. Elle est *ma fille*, comme les autres. Vous m'entendez?»

La voix de Mamo trahit une sorte de peur. Elle est contrariée. Elle bouge les mains, se frotte le visage, transpire comme jamais auparavant. Là-dessus, Junior sort de la chambre et vient la rejoindre. Mamo le regarde comme pour le supplier de rester calme.

«Bonjour, Suzanne. On savait bien que tu reviendrais, mais on ne t'attendait pas ce matin. Le temps a passé. Tu ne devrais plus espérer des miracles ni t'inquiéter pour elle. Si c'est ça qui t'amène, je peux te dire qu'on l'a bien éduquée, la petite.

– Tu sais pourquoi je suis ici. Je veux la voir et après, seulement après, je déciderai ce que je veux faire. J'en ai gros sur le cœur… Vous vous en doutez bien. Ça fait des années que je vous cherche partout. »

Je ne connaissais pas cette femme, ni l'homme silencieux derrière elle. Elle le présente :

« Mon mari, Max. C'est un Marocain. Appelez-la. J'ai besoin de savoir si elle est bien traitée. »

Mamo ne les invite pas à passer au salon. Elle me crie plutôt de descendre. Elle bêle un peu en étirant mon nom.

« Doooooolly ! Lève-toi, ma poupée ! Il y a quelqu'un ici qui veut te revoir ! Viens tout de suite ! »

Personne ne m'avait vue, mais j'avais pu observer ces personnes étranges qui rendaient mes parents si nerveux.

Je fais celle qui sort du lit. En m'étirant, les cheveux en broussaille, vêtue seulement de mon t-shirt trop long, je fais un pas, puis je descends quelques marches. L'homme sort un appareil photo et me mitraille. J'entends Jade se lever, dérangée par les bavardages. On est toutes les deux plantées au milieu de l'escalier, dans l'attente d'une parole rassurante.

« N'ayez pas peur, les petites, c'est votre ancienne gardienne qui est venue vous voir. Elle s'appelle Suzanne et son mari c'est Max. Venez leur dire bonjour. Allez… Elle ne va pas vous manger ! »

Jade et moi nous tenons par la main. J'ai peur que ces gens m'enlèvent. Une étrange impression d'être en danger me rend timide. Je descends auprès de Mamo, et Suzanne plante ses grands yeux bleus dans les miens.

« Pania… Pania… Tu m'as tellement manqué, dit-elle avec des larmes dans les yeux.

– C'est Dolly, mon nom !

– Tu ne peux pas t'en souvenir. Quand je te gardais, que tu étais bébé, je t'avais surnommée Pania. C'était comme un petit mot d'amour juste entre nous. Tu ne te rappelles pas de moi ? » demande Suzanne en s'accroupissant pour se mettre à ma hauteur.

Sa longue jupe de hippie traîne par terre. Elle me touche l'épaule et son mari nous photographie. Jade est allée trouver Tâté. Il l'a prise sur ses genoux. Mamo invite finalement Suzanne à s'asseoir dans le fauteuil. Tout le monde s'est un peu calmé…

Il m'avait semblé que Suzanne cherchait ses mots, qu'elle ne savait pas comment me parler d'elle. Je la trouvais belle, mais je la craignais en même temps. Au bout d'un moment en sa compagnie, j'ai compris la raison de mon trouble : c'était peut-être elle, ma mère, ma vraie mère… celle du secret !

« J'ai été très contente d'apprendre que vous viviez dans ce quartier. Est-ce que tu vas à l'école, Pania… euh, Dolly ?

– Oui, je suis en deuxième année. J'aime ça, l'école. Et toi, tu fais quoi ?

– Je suis une artiste. Je donne des spectacles. Je dessine, aussi. J'aime la mode, les produits de beauté.

– Tu as de beaux cheveux. Je peux les toucher ? »

Je suis magnétisée par ce blond doré. Émue par ma requête, Suzanne sort un mouchoir de son grand sac à bandoulière. Je vois qu'elle porte des colliers, des bracelets, des bagues. Je passe la main dans ses cheveux blonds, tout soyeux.

« Moi, mes cheveux sont plats et raides, je n'arrive pas à les démêler.

– Quand tu étais petite, j'aimais beaucoup brosser tes cheveux et je les attachais avec de petits rubans blancs. Tu étais si mignonne ! Je ne t'ai jamais oubliée, tu sais.

– Je ne m'en souviens pas. J'étais un bébé… »

Junior s'est levé et nous a demandé, à Jade et moi, d'aller acheter du pain au dépanneur. Il a donné quelques pièces de monnaie à ma sœur et nous sommes parties. Jade était énervée. Pour revenir plus vite, on a couru.

Au retour, les visiteurs ont repris quelques photos, de moi surtout. Je me demandais pourquoi je les intéressais tant. Ma gardienne semblait très affectueuse. Je n'étais pas habituée à être ainsi entourée. Le plus souvent, on m'ignorait ou, pire, on me rejetait.

« La fin de semaine prochaine, on veut aller à La Ronde et on aimerait emmener les petites avec nous. Vous direz oui, c'est sûr… Les Demitro ne me refuseront pas une petite sortie de temps à autre avec les deux dernières de la famille, hein ? J'aimerais ça, les gâter un peu…

– Bien, moi, je suis heureuse ici. J'aime l'école et mes amis. Ma famille m'aime. Ma sœur m'aime. Mais, si mes parents disent oui, je veux bien, dis-je, tentant de prouver à mes parents ma fidélité à leur égard.

– C'est d'accord, pour une fois, dit Mamo en serrant les lèvres. Samedi prochain. Mais pas trop longtemps… »

Suzanne se lève et vient m'embrasser. À Jade, elle ne dit qu'un « À samedi ma belle », puis ils s'en vont.

Ensuite, mes yeux allaient de Mamo à Tâté. Je ne disais rien. Je savais à présent que c'était elle, ma vraie mère, mais eux ne savaient pas que j'avais tout deviné. Personne n'était au courant que Sofia m'avait tout révélé dans la ruelle… Suzanne allait-elle m'enlever ? Briser ma famille ? Ma principale peur est de perdre ce que j'ai. Non, je ne veux pas aller avec elle !

Dans ma tête, un drôle de combat commença. J'ai entendu comme une petite voix qui disait : « Tu es Dolly Demitro… Tu es Dolly Demitro. Ta famille gitane, c'est toute ta vie. Si on tente de t'arracher à cette famille, tu vas mourir. Tu ne peux pas vivre sans eux, ni eux sans toi. Si tu les quittes, tu vas devenir une *gadji*, comme Suzanne. Alors, fais en sorte qu'elle reste seulement ta gardienne. Rien de plus. » Mes parents m'observaient sans rien dire. Je me suis approchée de Mamo et j'ai passé les bras autour de son cou. Je lui ai dit à l'oreille :

« Je serai toujours ta petite Dolly et je vais m'occuper de toi quand tu seras vieille, je te le promets. »

Elle m'a serrée dans ses bras un moment puis, pour cacher qu'elle pleurait, elle a crié très fort : « On mange ! » Elle a ouvert le sac qui contenait une grosse miche de pain et elle nous en a donné chacun un morceau. Tâté a trouvé un bout de fromage et des restes de jambon de la veille. Les grosses caisses vides, qui avaient contenu de la nourriture, étaient entassées dans un coin. Et on a mangé et bu, ri et pleuré, je ne sais plus.

Junior avait l'œil inquiet de celui qui sent une menace peser sur la famille. Et il a redit, pour la centième fois : « Avant de faire confiance, les filles, il faut se méfier des *gadjés*. Les Roms, c'est grâce à cela qu'ils ont survécu à toutes les épreuves. » Puis, en portant le verre à sa bouche, il a ajouté : « Santé ! » Il a vidé son verre, et ensuite la bouteille.

À cet instant, j'ignorais en quoi cette visite allait me toucher. Pour moi, Mamo était « ma » mère, et je ne croyais pas avoir besoin d'une autre mère à mes côtés. D'une certaine façon, je me savais acceptée par les membres du clan. J'appartenais à la famille Demitro, et c'était mieux que de ne pas avoir de famille du tout. Je ne connaissais rien d'autre, après tout.

Chapitre V
Le respect

« C'est un *gadjo*, c'est un *gadjo* ! Sauve-toi ! me crie Sofia.

– Mais… ?

– Il va te kidnapper… Cours ! » lance-t-elle d'une voix terrifiée.

Il est juste là, immobile, l'homme qui m'a proposé de venir voir des jouets dans sa camionnette. Il est bien habillé. Il sent le parfum, comme quand Tâté se rase. En me voyant hésiter, il dit tout doucement :

« J'ai beaucoup de bonbons, aussi. Tu pourras choisir tout ce que tu veux. »

J'ai mis ma petite main dans la sienne. J'aime tellement les bonbons, et je n'ai pas de jouets à moi.

Je suis si jeune, mais déjà irrémédiablement attirée par le sucre… Les bonbons sont pour moi une véritable drogue, et en ce moment je suis prête à tout pour avoir ma « dose ».

Ma grande sœur doit me surveiller. Mais, l'espace d'un instant, elle tourne la tête pour feuilleter un magazine dans le kiosque à journaux, juste à côté. Alors je disparais avec l'homme. Lorsqu'elle lève les yeux, elle panique. Je ne suis plus là… Elle regarde tout autour, puis m'aperçoit dans la ruelle sombre.

Son cri siffle comme une balle jusqu'à mes oreilles. Je retire ma main. L'homme cherche du regard d'où vient cette voix. Elle s'est mise à courir vers moi, ma sœur. Elle sait que sa responsabilité est de me protéger. S'il m'arrivait quoi que ce soit, elle aurait une grosse punition. Elle se précipite sur moi comme une furie.

« *Moudar el toute, moudar el toute*[13] ! » dit-elle en pleurant, même si je suis maintenant dans ses bras.

Nous nous éloignons et je dis : « Ne dis rien à Tâté… Je n'ai pas pensé. Tu m'as fait peur…

– Espèce d'idiote ! Rappelle-toi le kidnapping d'Odette. C'est pareil. »

Pendant que nous retournons à la maison, pour la centième fois elle me raconte ce qui est arrivé à notre sœur, un jour où elle avait été aussi imprudente que moi. Elle avait quatre ans. Moi, je n'étais même pas née. Alors qu'elle se promenait dans le quartier Mont-Royal, un vieux monsieur lui avait offert des friandises et elle l'avait suivi dans une ruelle. Il l'avait fait monter dans son auto et l'avait kidnappée. Quand Anita et Junior avaient vu qu'elle ne revenait pas, ils avaient demandé à Ritchie et à Alexandre de la retrouver coûte que coûte. Mes deux frères avaient questionné sans relâche les gens du coin, et en quelques heures ils avaient découvert la cachette du kidnappeur. Ils avaient enfoncé sa porte pour libérer Odette, puis ils avaient battu le vieux pour que jamais plus il ne recommence… Tâté conclut toujours le récit de ce drame en laissant tomber une phrase terrible à mes yeux : « On ne touche pas à un cheveu d'un de mes enfants sans risquer sa vie… »

« Mais cette fois tu ne vas rien dire, n'est-ce pas ? Je ne veux pas être punie. Tâté va être furieux. Je suis trop jeune pour savoir comment reconnaître un *gadjo*…

– Dans la rue, tu ne dois parler à personne. À l'école, tu ne dois jamais dire que tu es gitane. Tu dis que tu es italienne, mais tu ne parles jamais de la famille. Et tu ignores les étrangers. Tu dois te méfier ! On te l'a dit souvent : le monde n'aime pas les gitans !

---

13. En manouche : Il va te tuer.

– C'est pour ça que j'ai pas d'amis, dis-je en pleurnichant. Je peux jamais jouer avec les autres, moi, comme les gens normaux.

– Une gitane doit obéir à sa famille. Veux-tu mourir ? Si les gens apprennent la vérité, tu seras en danger. Les méchants vont t'enlever. Le mot danger, tu ne sais pas ce que c'est, ajoute-t-elle, de la frayeur dans les yeux. Ce monsieur aurait pu te tuer !

– Oui, je le sais, maintenant. Il aurait pu me faire beaucoup de mal. C'est la faute des bonbons ! »

Le lendemain, dans la ruelle où l'homme m'avait abordée, il y avait du sang par terre. Je n'ai rien dit à ma sœur pour ne pas l'effrayer. Mes frères avaient-ils retrouvé le monsieur ? J'ai imaginé que oui, et ça m'a fait un grand frisson dans le dos.

Malgré tout, même après cette histoire, les bonbons me rassuraient. J'étais fascinée par les couleurs, l'odeur et le bien-être qu'apportent les sucreries. Depuis plusieurs années, cette douce sensation pétillante sur ma langue me réconciliait avec mes propres peurs. Les gitans aiment les rituels, alors, dans les fêtes, il y a toujours des bonbons pour les enfants. Les occasions pour fêter jaillissaient de tout et de rien : une visite inattendue, un bon coup en affaires, une heureuse nouvelle, une tristesse à effacer, le retour de parents éloignés. Le clan resserrait ainsi ses liens, en partageant des moments dans une ambiance joyeuse, le plus souvent. On oubliait l'école et on passait la nuit à s'amuser, jusqu'à tomber de sommeil. Tout le monde riait et chantait, même les grands-parents. C'est vrai qu'on ne faisait rien comme les autres : on savait vivre au jour le jour, pleinement. Tâté disait souvent que, puisque personne ne peut prédire de quoi demain sera fait, on fait mieux de profiter du moment présent !

À cette époque, le père de Tâté se faisait vieux et il vivait avec nous depuis la mort de ma grand-mère. Il avait sa chambre et en sortait rarement. Ce qu'il aimait, c'était que les enfants lui rendent visite. La seule raison que j'avais d'y aller, c'était de pouvoir choisir le suçon que je préférais dans le pot de bonbons posé sur sa table de chevet.

« Il faut respecter votre grand-père, nous rappelait Tâté. Ne jamais oublier que, sans lui, sans son courage, nous serions morts dans ce village russe. Ou nous serions dans un camp, sans toit sur la tête, mais pas dans ce pays riche. »

Les jambes de mon grand-père ne le portaient plus. Impossible pour lui d'aller et venir dans la maison. Il mangeait, dormait et vivait dans cette petite pièce qui sentait le renfermé.

« Il aime les enfants, disait Mamo pour nous encourager à le fréquenter. Il a des tas de choses à vous apprendre. Posez-lui des questions sur sa vie… Il sera heureux ! »

Ma curiosité n'allait pas si loin : les bonbons suffisaient à m'attirer dans sa chambre. Je me souviens très bien d'une visite en particulier…

La chambre était petite, remplie d'objets anciens, et les rideaux empêchaient le soleil d'entrer. Près du lit, il y avait une grande chaise, et une plus petite pour les enfants. J'ai toujours eu un peu peur de lui rendre visite, mais un jour, après avoir vu Jade sortir de sa chambre avec un suçon de toutes les couleurs, j'ai décidé d'y aller.

Grand-père m'a fait signe d'approcher.

« Bonne fille ! Assieds-toi là, dit-il en désignant la chaise du doigt. Papo[14] est content de te voir. »

Dans la tradition gitane, les enfants en bas âge sont d'abord là pour être vus et non pour être entendus. Alors, de peur d'être grondés, ils apprennent très tôt à se taire. Il y a peu de paroles échangées, pas de compliments… Curieusement, on les touche peu. À mesure qu'ils grandissent, on les ignore, jusqu'à ce qu'ils prennent leur place dans les affaires ou que leur personnalité s'affirme. Mamo agissait ainsi : elle adorait les bébés, mais devenait progressivement indifférente lorsque ses rejetons étaient capables de se débrouiller seuls. Elle les laissait à eux-mêmes, sans trop s'inquiéter de leur instruction.

---

14. En manouche : Grand-père.

La petite fille qui entre et s'assoit sagement dans la chambre cherche sans le savoir de l'attention, des miettes d'affection. Ce grand-père aux traits tirés, à la peau aussi plissée qu'un vieux chiffon, était-il vraiment généreux ? Certes, il aimait ses petites, mais pas gratuitement.

« Tu vas commencer l'école bientôt. Avant les autres ! » dit-il en toussant bruyamment, crachant dans son vieux mouchoir.

Je le regarde avec attention. Je veux faire les mêmes choses que Jade, même si elle est plus vieille que moi. Je veux grandir et la suivre partout. Papo hoche la tête. Il a des cheveux gris plaqués sur la tête et ses yeux sont rougis. Il secoue sa bouche comme un cheval, tous les deux ou trois mots, toussant et reniflant. Pour soigner cette toux, il conserve un bocal de miel dans lequel il y a une petite cuillère, juste à côté du pot de bonbons, sur le coin de sa table de chevet.

« En veux-tu ? » me demande-t-il en laissant couler un peu de miel sur sa langue pendante et dégoulinante.

Mon regard est accroché aux bonbons colorés. Celui que Papo vient de prendre dans son pot me fait saliver.

« Viens ici, dit-il en tapant sur sa cuisse maigre, viens t'asseoir sur mes genoux et je vais t'en donner un… »

La main froide de mon grand-père me glace. Il glisse un bras autour de ma taille pour m'éviter de tomber à la renverse. De son autre main, il me touche, pendant que le bonbon fond doucement sur ma langue.

« Je vais te raconter comment j'ai appris à me débrouiller dans la vie. J'ai étudié, tu sais ; je sais lire et écrire. C'est très important que tu l'apprennes, toi aussi. Je suis le seul gitan qui est devenu écrivain. Savais-tu que j'ai écrit le dictionnaire qui est là ?

– Ce gros livre ?

– Oui. Quand tu iras à l'école, tu auras plein de livres, mais celui-là est spécial. Il t'apprendra tous les mots gitans qui ont été traduits en anglais. »

Pendant de longues minutes, il me raconte son histoire. Il me fait des chatouilles, des caresses, et il veut voir si je suis marquée. Je ne sais pas ce qu'il veut dire.

« Les vrais gitans ont une tache de naissance à la base des cheveux ou dans le dos. Pas toujours au même endroit, mais ils en ont une. Il faudrait que je trouve la tienne. Je veux la voir à chacune de tes visites. Elle peut s'effacer, tu vois, si tu n'es pas une bonne fille.

– Oui. La mienne est dans mon cou, dis-je avec fierté. Regarde. »

Il m'examine, passe la main dans mon dos, dit que je suis belle. Ses mains se promènent sur moi et me chatouillent.

« Je t'aime bien, toi… plus que les autres. Ta marque est bien celle d'une *shoroe*[15]. Veux-tu un autre bonbon ? » murmure-t-il à mon oreille pendant que ses mains fouillent sous ma jupe.

Ses petites attentions se concentrent sur mes parties intimes et toujours il me fait des compliments, me parle doucement pour ne pas attirer l'attention des autres qui sont dans la maison. À l'âge que j'ai, je ne sais pas que son affection n'est pas bien. J'ai pourtant bien vu que Jade et mes autres sœurs le visitent aussi et détestent ça… Malgré mon étrange sentiment, je promets naïvement de revenir le voir encore, dans quelques jours, pour avoir d'autres suçons.

« Tu ne dis rien, promis ? ajoute-t-il en mettant un doigt sur sa bouche pour me rappeler de me taire. Tu es ma petite poupée sucrée… »

Intimidée par ses paroles, je choisis un suçon comme celui de Jade. Et je sors en le déballant joyeusement. Cette affection déplacée de la part de Papo deviendra une habitude de plus en plus nuisible. Je reviens à cette même porte pour me gaver de sucre, mais Papo abuse toujours davantage de mon innocence, sans que personne ne soit au courant de ses gestes. À part mes sœurs, qui désespèrent à l'idée de devoir entrer dans sa chambre…

---

15. En manouche : Une enfant gitane.

Plus tôt dans la journée, j'ai entendu Sofia dire à Mamo qu'elle ne voulait plus aller dans la chambre de Papo. Elle avait boudé et rouspété.

« Tu dois respecter les vieux ! Le père de Junior a besoin de compagnie. Il est tellement fier de ses petites-filles. Et puis, un jour, il va mourir. Si tu fais la méchante, il va revenir te hanter dans tes rêves…

– Je t'en prie ! s'est écriée Sofia en pleurant. Je veux aller jouer avec mes amis au parc !

– Tu dois le visiter de temps à autre. C'est une tradition, une marque de respect que tous les enfants doivent à leurs grands-parents. Pas question de te sauver. Papo t'aime tellement. Il aurait de la peine si tu n'allais pas le voir… Souris ! En plus, c'est son anniversaire aujourd'hui. Tu vas danser pour lui.

– C'est la dernière fois que j'y vais, tu m'entends ? Moi, je le déteste. Quand il va mourir, je vais aller cracher sur sa tombe ! » crie-t-elle avec de la révolte dans les yeux.

Je me souviens, car après ma visite à Papo, la fête avait duré toute la nuit. Quand j'ai fini mon gros suçon rouge, j'étais ivre de sucre et de musique. Et j'ai dansé, chanté aussi, debout sur la table du salon, comme une petite reine qui remercie son grand-père de l'aimer tant, avec toute ma naïveté d'enfant.

PARTIE II

L'histoire de ma mère

Mon cœur de mère bat à tout rompre. Je l'ai enfin retrouvée, ma petite Pania. C'est une obsession ! Je cherche ma petite fille kidnappée par les gitans depuis tant d'années. Les Demitro, qu'ils soient maudits ! Ils me l'ont enlevée, un soir, et je ne l'ai plus jamais revue.

Si je n'avais pas reconnu l'un des garçons du clan, Alexandre, au centre commercial – un hasard comme il ne s'en produit que dans les films –, aurais-je un jour revu Pania ? Elle a tellement changé. Huit années sans la voir, sans la tenir dans mes bras ! Enfin, je sais qu'elle est vivante, et si belle. Merci, mon Dieu !

Ma grande crainte ? Max, mon mari, voudrait qu'on aille vivre au Maroc. Il faudrait donc que je renonce à voir grandir mon enfant… que je fasse mon deuil de ma fille adorée… celle pour qui je donnerais ma propre vie ! Je n'ai pas le courage de partir. Je veux veiller sur elle. Pourrais-je la reprendre ? Lui dire que je suis sa vraie mère ? Mon histoire est déjà si lourde de souffrances. Tout cela avait commencé par un coup de foudre… Une rencontre qui allait briser ma vie et affecter à jamais celle de mon bébé.

Mais, à cette époque-là, j'étais encore si jeune et si candide !

Chapitre VI

L'attirance

O ui, Suzanne Bastien est bien ma mère biologique, et son histoire m'a fait dresser les cheveux sur la tête lorsqu'elle a osé me la confier. J'ai découvert mes véritables origines en écoutant son récit troublant, même si les révélations de Sofia avaient déjà glissé un doute dans mon esprit. Maintenant que je connais la vérité, puis-je être encore fière d'être gitane?

« C'est pas vrai! Qu'est-ce qui m'arrive? Je me sens si mal… »

Suzanne referme la lourde porte derrière elle. Une forte nausée lui déchire la poitrine. La jeune fille dépose son sac à bandoulière et s'assoit dans l'escalier sombre qui mène à son appartement du troisième étage. Dès qu'elle est entrée dans l'immeuble, l'odeur de patchouli et d'huile de cuisson a accentué son dégoût. Décidément, elle n'arrive plus à manger quoi que ce soit sans avoir mal au cœur. « Respire… Ça va passer… Ritchie va changer d'avis… », se dit-elle. D'une marche à l'autre, l'envie de vomir se fait de plus en plus pressante.

Sa main tremble quand elle insère la clé dans la serrure. Suzanne place instinctivement son autre main sur sa bouche pour retenir les haut-le-cœur. Elle se hâte d'ouvrir, laisse la porte entrebâillée et se précipite dans la salle de bains. Penchée sur la cuvette, elle rejette le contenu de son estomac. Puis elle se laisse tomber sur le plancher, remplie d'inquiétude. Un coup d'œil à sa montre. La jeune fille hésite. Elle fréquente le beau Ritch depuis six mois à peine, mais elle n'a pas son numéro de téléphone. C'est lui, et seulement lui, qui décide du moment et de l'endroit où ils se verront.

Elle se relève, referme la porte du petit studio qu'elle occupe depuis son arrivée à Montréal. Elle boit un peu d'eau pour chasser ce goût amer. Puis elle s'étend sur le lit. Elle doit retourner au restaurant à quatre heures. Elle ferme les yeux et est propulsée en arrière de quelques mois, en avril 1963, par un beau samedi soir.

Les jeunes sont nombreux à faire la queue à l'entrée de la boîte de nuit. C'est la soirée idéale pour faire la fête. Pourquoi sont-ils si agités? Ils célèbrent le retour des beaux jours, la fin des classes qui approche, Pâques et ses jours de congé. L'amour universel flotte dans l'air et la liberté leur monte à la tête. La fièvre de ce printemps est sans pareille, car c'est toute la société qui commence une mutation. Si le Québec d'alors avait été une chenille, il aurait vécu sa métamorphose au printemps de 1963. Les adolescents déploient leurs ailes, devenant les ambassadeurs du *peace and love*, ce papillon multicolore qui s'envole en défiant les tabous.

Suzanne est là, jeune et vivante. Elle a dix-neuf ans et Ritchie, dix-sept ans. Elle aime danser. Il aime séduire. Ils ont flirté un peu et il lui a lancé quelques œillades admiratives. Le jeune homme magnétise tout le monde : c'est un gars très populaire, qui aime boire, rire et célébrer. Il paye généreusement les boissons et sait se faire des amis. Elle est seule sur son tabouret, à l'observer en buvant son verre. Elle a craqué pour lui et il a fini par venir vers elle. Ils ont dansé sur un air de rock endiablé, puis un slow intime a suivi. Elle aime son odeur, ses cheveux noirs et ses mains chaudes. Il lui fait un effet magique. Son cœur bat plus fort dans sa poitrine. S'il la frôle ou lui prend la taille, elle sent se réveiller en elle un désir qui l'envahit, une chaleur qui l'embrase. Leurs mains réunies, ils ont cette impression grandiose de posséder le monde.

Après cette soirée, la vie de Suzanne est transformée. Toutes ses pensées, son temps et ses espoirs portent un seul nom : Ritchie. Les samedis soir deviennent un rituel où ils se retrouvent avec bonheur. Ils s'amusent beaucoup, mais parlent peu ; leur insouciance leur permet de vivre, sans penser à demain, un amour qui célèbre d'abord et avant tout la jeunesse. Elle a des ailes, Suzanne, la blonde bohémienne. Avec sa longue jupe à fleurs et ses colliers de toutes les couleurs, elle paraît si sûre d'elle, de sa beauté, de son pouvoir. Elle a la naïveté des âmes pures et l'amour de sa vie la regarde avec un désir toujours plus fort.

Ritchie n'est pas un gars vantard. Il travaille avec ses parents. Pour être avec eux, il a quitté l'école au début du secondaire, parce qu'il s'emmerdait, dit-il. L'argent, gagner beaucoup d'argent, est son rêve. Sa famille est dans la vente, le commerce… Elle l'écoute béatement, l'admire. Il a vraiment tout pour plaire. Et il danse si bien ! Les autres questions sont inutiles entre eux.

Comme elle était à l'époque un mannequin encore peu connu, Suzanne avait trouvé du travail comme serveuse dans un petit restaurant, dans la côte du Beaver Hall, pour payer son loyer. Coquette, elle se maquillait avec soin et savait mettre en valeur son teint pâle, ses yeux bleus et sa silhouette élancée. Petit à petit, des contrats de plus en plus lucratifs ont consacré sa beauté juvénile. On la demandait pour des défilés de mode et des séances de photos. Suzy connaissait ses premiers succès. Son rêve de devenir un *top model* réputé se concrétisait. Elle fréquentait des artistes, des photographes, des créateurs, et tous les lieux branchés où les relations jouaient un rôle déterminant. Elle y comptait déjà quelques nouvelles amies, bien qu'elle fréquentât la jet-set depuis peu. Elle fonçait avec candeur. L'amour faisait briller ses yeux ; son charisme se révélait sous les feux des podiums.

Elle oubliait les violences de son père et le drame que provoqua son départ du village où elle avait grandi sans sa mère. Vivre sa vie ! Elle touchait enfin à une parcelle de liberté. Elle avait à peine célébré ses dix-neuf ans que son prince charmant était apparu. Heureuse d'avoir échappé aux griffes de son père, elle se sentait libérée. Elle appréciait la grande ville et son anonymat. Tout était possible, ici. Dans sa grande naïveté, elle respirait à pleins poumons et se remplissait d'un sentiment nouveau de bien-être. Être aimée et devenir célèbre, c'était son *trip* à elle. Chaque pas, chaque regard la menait là où elle aimait être.

Un soir d'octobre, Ritchie sonne à sa porte. Elle sent son cœur bondir dans sa poitrine.

« Je pense à toi tout le temps, lui dit-il en l'enlaçant.

– Et moi donc ! Je t'aime tellement ! »

Du premier baiser aux caresses, de la découverte à l'embrasement, ils font l'amour pour la première fois. Deux âmes pures ; deux jeunes dans toute la pureté de leur adolescence se donnent l'un à l'autre.

« Je t'adore… Tu es si belle. Je ne peux pas vivre sans toi ! lancet-il au milieu de la nuit, en jetant çà et là les vêtements devenus une frontière entre eux.

– Viens, je veux être à toi, rien qu'à toi… », murmure-t-elle en fermant les yeux.

Une heure plus tard, alors qu'elle sommeille, il se rhabille. Elle le regarde s'éloigner comme dans un voile de brume. Il promet de revenir. Suzanne ignore le danger, ne voit que cette passion partagée et goûte une joie immense : son cœur bat enfin ! Elle est si fière de sortir avec un homme généreux et brillant. Elle se rendort, s'abandonnant à son bonheur tout neuf.

Ritchie ne revient pas faire l'amour avec elle, mais il la couvre de tendresse. Elle est sa petite amie officielle. Il lui présente sa famille, les Demitro qui habitent près du Casa Loma, rue De La Gauchetière. Elle n'a jamais fréquenté de gitans et découvre un autre univers. Les Demitro vivent tous ensemble, dans une maison où la vie ne s'arrête jamais. Suzanne leur envie cette chance. Il y a toujours de l'amour dans l'air, chez eux. « Ils sont comme les doigts de la main, inséparables et complices », se dit-elle en les observant. Son amoureux est l'aîné d'une marmaille de huit enfants.

La mère vient d'avoir Jade, une jolie brunette qui est encore au berceau. Plusieurs fois, Suzanne est invitée à leurs fêtes. Elle trouve enfin la famille chaleureuse qu'elle n'a jamais eue.

Un samedi après-midi, la mère de Ritchie lui apprend les rudiments de son petit commerce. Amusante complicité. Toute la famille y collabore indirectement. Anita se poste à sa fenêtre et surveille la porte du bar d'en face. Lorsqu'elle voit un client éméché qui en sort en titubant, elle frappe d'un doigt dans sa fenêtre et l'interpelle.

« Veux-tu une fille ? J'ai ici de quoi te faire plaisir… »

L'homme s'arrête et salive déjà à cette idée. Anita le fait entrer dans le bureau et lui prend habilement son porte-monnaie qu'elle remet aux enfants cachés derrière le rideau. Ils l'ouvrent. La consigne est de vérifier d'abord s'il ne s'agit pas d'un policier. Le cas échéant, il ne faudrait rien prendre, évidemment. Le plus souvent, l'homme est un bon père de famille un peu porté sur la boisson. Alors les enfants prennent les billets, ne laissant que ce qu'il faut au buveur pour rentrer chez lui. La mère dit qu'elle va chercher l'une de ses « filles », mais revient seule. Elle explique à son client, en lui faisant du charme, que personne n'est libre en ce moment… Elle en profite pour remettre habilement le porte-monnaie dans sa poche. Cela fait, son humeur change brusquement. Elle refroidit les ardeurs du « client » et le renvoie vertement à la rue. S'il s'incruste, s'il veut la toucher, le mari jaloux ou le fils protecteur apparaît, menaçant de tout raconter, de ruiner sa vie de famille ou de lui casser les jambes.

Le scénario auquel assiste Suzanne a été répété des centaines de fois… Chacun y tient son rôle et se félicite de voir les hommes repartir sans comprendre ce qui vient de se produire. Les gitans sont d'habiles *pickpockets* et le jeu en vaut la chandelle : voilà cinquante dollars, vite fait, et tous en rient. Mais le jeu ne s'arrête pas là…

Le gars dépouillé prend donc la poudre d'escampette, suivi par un des deux aînés, Ritchie ou Alexandre. Il faut s'assurer que le pauvre homme n'ira pas à la police. Ritchie est le spécialiste de la filature. Lorsqu'il voit le bougre monter dans un taxi ou, mieux encore, rentrer chez lui, il revient rapidement, car il y a peut-être déjà un autre client dans les filets de Mamo. Et ce manège se déroule avec la complicité des plus jeunes. Ils apprennent à l'école des adultes les rudiments de la petite criminalité, comme s'il s'agissait d'un jeu sans conséquence.

Suzanne s'amuse de les voir si unis, sans juger la moralité de leurs activités. C'est la chaleur humaine de cette famille qui la réconforte, tout autant que l'intérêt que lui porte Ritchie. Pour célébrer une belle prise, on sort le violon et la guitare. Suzanne a bien senti qu'Anita semble l'apprécier. Elle est si fière de ses enfants! Elle se débrouille toujours pour que personne ne manque de rien. Suzanne trouve cette femme – qu'elle connaît maintenant sous le nom affectueux de Mamo – vraiment maternelle et très attentionnée envers les siens.

Les semaines passent dans cette effervescence. La jeune Suzanne ne connaît rien encore aux choses de la vie, aussi voit-elle ses règles s'espacer sans s'inquiéter. Qui aurait pu lui parler de la fécondité, des signes de grossesse? Après trois mois, elle dévoile un jour son étonnement à son amie Manon.

«Tu t'es fait avoir, ma belle. Tu es enceinte! Tu vas avoir un bébé!

– Qu'est-ce que je vais faire?

– Parle à ton Ritchie. C'est lui, le père.

– Mais on a fait l'amour une fois, une seule... C'est impossible! »

À ces mots, elle fond en larmes.

Le samedi suivant, Suzanne se rend à la discothèque, espérant parler à Ritchie. Mais, ce soir-là, il courtise une autre fille et semble plus froid. Elle lui demande alors de venir chez elle le lendemain.

«Faut que je te parle... Tu me manques tellement! »

Elle attend sa visite avec confiance, a fait le ménage pour que tout brille, et a même fixé une photo d'eux sur le frigo. Elle a acheté une bouteille de vin pour qu'ils célèbrent ensemble la bonne nouvelle.

« Tu as l'air pâle… Es-tu malade ? demande-t-il en la rejoignant sur le sofa.

– Non, c'est que… J'ai quelque chose d'important à te dire…

– Hum… Quoi ? fait-il en fronçant les sourcils.

– Tu vas être papa ! »

Il reçoit la nouvelle comme une gifle et il contracte les mâchoires. Elle ne l'a jamais vu aussi sombre.

« T'es sûre ? lance-t-il sur un ton tranchant.

– On a fait… Tu t'en souviens ? Notre nuit d'amour si belle.

– Une fois ! On ne peut pas avoir un bébé ! C'est impensable ! »

Son regard noir, son impatience soudaine, sa froide réaction rendent le jeune amoureux méconnaissable. Suzanne aurait voulu qu'il la prenne dans ses bras, la couvre de baisers. « Qu'est-ce qui lui prend ? » se demande-t-elle en le regardant se lever, arpenter le petit salon, puis revenir vers elle.

« Pourquoi tu te fâches ? Tu m'aimes, non ? On sera trois bientôt ! Une vraie famille. Notre famille à nous.

– Tu ne comprends pas… Tu n'es pas gitane. C'est impossible… L'enfer ! Ma famille va te rejeter. Il faut… s'en débarrasser, lâche-t-il comme s'il s'agissait d'un ordre.

– Comment ça ? Je le veux, ce bébé… avec toi ! On va l'élever tous les deux. C'est un enfant de l'amour, tu comprends ? implore-t-elle, les yeux mouillés de larmes. Tu me fais peur, Ritchie ! »

Cette fois, il hausse le ton, en colère. Il scande des mots lourds comme des marteaux.

« Mon père… n'acceptera jamais… que j'épouse une fille… qui n'est pas des nôtres. Tu le fais disparaître… ou c'est fini entre nous ! »

Il claque la porte. Suzanne a beau pleurer et l'appeler, il est déjà hors de sa portée. Ritchie la rejette, lui qui disait l'aimer. Elle se verse un verre de vin. Elle doit rêver. Le deuxième verre est plus amer. Pourquoi la repousser ainsi ? Puis elle vide toute la bouteille pour noyer sa peine, jusqu'à tomber, ivre.

Le lendemain, elle reprend péniblement conscience. Tout tourne autour d'elle. Elle reste au lit toute la journée et sanglote, caressant son ventre sans savoir quoi faire. Est-ce la vie ou la mort qui s'est logée en elle? La nausée lui déchire l'estomac. Elle voudrait être vide et oublier sa peine. Peut-être n'a-t-elle pas su trouver les mots pour lui annoncer la nouvelle comme il faut.

Sans manger ni boire, Suzanne laisse passer les heures. Elle aimerait que ce cauchemar prenne fin; revenir à cette première fois où il l'a prise, amoureusement, dans l'euphorie. Elle se berce d'illusions: «Une fois le choc passé, Ritchie va réfléchir, me revenir… Il va changer d'attitude.»

Suzanne tente d'imaginer comment elle pourrait le convaincre de rester avec elle pour voir naître et grandir ce bébé. Après tout, il sera à moitié gitan, n'est-ce pas suffisant? Que peut-elle lui promettre de plus?

Son plan se dessine. Oui, elle doit se battre; non pas pour elle, mais pour que cet enfant ait un père. Ritchie va convaincre son père; il ne doit pas être si dur qu'il paraît. Sa sévérité n'est sans doute qu'une façade. Elle a bien vu qu'il change d'humeur sous l'effet de l'alcool. Le patriarche intransigeant devient soudainement très gai quand toute la famille est autour de lui. Il devient alors un homme rieur et généreux. Pourquoi Ritchie le craint-il tant? Le sens de la famille, c'est très fort chez les gitans. Si seulement elle pouvait leur parler…

Chapitre VII

La confiance

« **M**a pauvre petite… S'il ne veut pas te voir, je n'y peux rien, dit Mamo en apercevant la jeune fille au bord des larmes. Moi, je t'aime bien. Tu viens ici quand tu veux… Discrètement !

– Mais il faut que je lui parle… J'ai perdu mon emploi… »

La mère de Ritchie regarde attentivement la jeune fille qui fait presque partie de la famille maintenant. Depuis six mois, elle vient les voir chaque dimanche. Son aîné semblait entiché de cette jeune artiste, mais Anita connaît les hommes du clan : les gitans sont machos et volages. Mais pourquoi a-t-il donc changé d'avis sur elle ?

Mamo a ce regard perçant qui voit à travers les gens. C'est son métier, son art : une diseuse de bonne aventure devine et ressent les secrets des gens, une voyante perce le mystère de l'expression et fait des liens entre le visible et l'invisible. Les traits tirés de Suzy et son teint pâle la mettent sur une piste. Son intuition fait le reste. Un plus un… font trois, quand on est capable de lire entre les lignes ! Mais son fils est encore un enfant, il butine. Il fait le coq. Trop jeune et insouciant, trop coureur de jupons pour assumer ça, pense-t-elle en regardant le ventre légèrement arrondi de Suzy. Une autre conquête va la remplacer…

« Tu me caches quelque chose, toi, dit Mamo pour vérifier son hypothèse.

– Je suis enceinte, avoue Suzanne, et le pire, c'est que mon patron m'a virée parce que ça commence à paraître. J'ai pas de chance… Pas de famille et plus de travail. Il faut que Ritchie m'aide. C'est lui, le père ! »

Mamo fige son masque de mère et, pendant une seconde, plonge dans sa propre histoire. Elle se revoit, à seize ans, en train de supplier Junior, son amoureux, de ne pas la renvoyer. Elle, la belle Italienne, n'est pas du clan. Elle est enceinte et se désespère. Sous la colère, son jeune amant la frappe et l'insulte. « Je te jure que je deviendrai plus gitane que les gitanes d'ici, si tu me gardes avec toi… Je ferai tout ce que tu veux. Je te ferai honneur. Par pitié… » Et son pacte de survie avait été un calvaire. Elle l'avait payé cher. Ritchie était né six mois plus tard. Et, chaque jour de sa vie, Mamo avait ravalé sa fierté. Soumise à l'autorité suprême de son mari, elle devait supporter ses humeurs, ses infidélités, ses abus, ses violences. Elle soupire bruyamment.

Elle voit Suzanne dans toute sa vulnérabilité. Elle voudrait lui dire : « Avorte et sauve-toi pendant qu'il en est encore temps. Tu es jeune et belle. Tu vas trouver une solution et refaire ta vie. Si seulement j'avais eu ce courage. Si quelqu'un m'avait prévenue. » Mais elle se tait. Comme toute mère gitane pour qui la venue d'un enfant est une chose sacrée, une bénédiction, Mamo tente de réconforter cette femme-enfant qui n'arrive plus à sourire, qui s'enfonce dans le vide pendant que son ventre se remplit de vie.

« As-tu mangé aujourd'hui ? Tiens, prends cet argent et rentre chez toi, dit-elle en lui glissant un billet de vingt dollars dans la main. Je vais lui parler. Reviens quand tu veux… »

Le samedi suivant, Suzy se rend à la discothèque en espérant que Ritchie sera plus réceptif. Elle l'attend en sirotant son verre. Elle revit en quelques secondes cet été parfait. Le bonheur est-il si fragile ? Si éphémère ? Une jeune et jolie fille, bien tournée et libérée, c'est sans doute ce qui avait attiré le regard du séducteur. Il avait tout de suite craqué pour son style d'artiste et sa pureté presque transparente. Et elle avait des relations dans le milieu artistique. Il aimait voir grand. D'une fête à l'autre, leur complicité explosait dans l'euphorie de la musique psychédélique poussée à plein volume. La plupart du temps, les passions naissaient et se défaisaient dans l'insouciance totale. Mais, si tout le monde semblait papillonner, entre eux c'était plus sérieux. L'été 1963. Suzanne ne pourra jamais l'oublier. Elle sent encore sa main sur ses seins, son sexe qui la pénètre et, malgré ce cri de douleur qu'elle pousse, elle appelle son amour de toutes ses forces. Elle veut y croire. Le désir qui grandit en elle chaque fois qu'elle le voit, qu'elle pense à lui, ne peut pas la tromper. Ils s'aiment! Elle veut s'en convaincre malgré les doutes qui l'envahissent.

Que sera 1964 pour elle? Difficile de le prédire... Les nuages noirs planent sur sa vie, de plus en plus menaçants. La peur s'infiltre dans ses veines.

Ses yeux d'un bleu cristallin se remplissent soudain de larmes. Un mélange de colère et d'angoisse remue le cœur de l'amoureuse torturée. Elle voit finalement Ritchie sous son vrai jour. Il vient d'arriver avec une fille pendue à son cou. Carole a décroché le gros lot. Suzy se désole et aurait voulu lui crier: «Je suis quoi, moi? Un passe-temps? Une fille facile? Je te croyais, Ritch, quand tu disais que tu m'aimerais toujours. Quelle naïve! Un macho, ça ne peut aimer que lui-même, hein?» Il l'ignore. Il s'amuse comme si elle était invisible. Pas un regard. Suzanne ressent une immense solitude. Elle vide son verre pour se donner du courage.

Lorsqu'elle le voit se rendre aux toilettes, elle se lève à son tour et va l'attendre dans le corridor. D'un geste vif, elle lui saisit le bras lorsqu'il ressort.

«Tu m'as déjà remplacée, d'après ce que je vois.

– T'es une belle fille, tu vas t'en remettre. Moi, j'ai pas de temps à perdre avec tes histoires...

– Tu penses juste à toi. Le sens des responsabilités, c'est pas dans ton dictionnaire?

– Le mot adieu y est ! » réplique-t-il en s'esquivant.

Il s'éloigne. D'un claquement de doigts, il offre la tournée à son *fan club*. Il la regarde froidement. Elle est seule, comme le soir où il l'avait aperçue. Elle soutient son regard, mais il ne joue plus le jeu. Le charme est rompu. Pourtant, Suzy ne peut s'expliquer ce revirement. Est-ce un simple malentendu ? Le provoquer n'est pas la solution. Il est trop orgueilleux. Elle doit trouver les mots pour le retenir.

Carole s'est aperçue de sa tristesse et vient lui parler.

« Tu t'amuses pas, ce soir ? T'as la grippe ?

– J'ai pas envie de rire.

– As-tu vu ce que Ritchie m'a donné pour ma fête ? dit Carole en montrant une bague scintillante.

– Je vois qu'il te gâte.

– Ben, c'est que… il m'aime gros, si tu vois ce que je veux dire.

– Tu devrais te méfier, c'est un beau parleur », la prévient Suzanne, le cœur en lambeaux.

Ritchie s'impatiente. Il n'aime pas voir les deux filles se parler. Pas en ce moment. Il regarde Carole et, d'un signe, la rappelle à ses côtés. Suzanne les voit se bécoter sans retenue et le jeune homme, trop sûr de lui, chuchote quelque chose à l'oreille de sa nouvelle conquête. Carole baisse les yeux. Il ne peut y avoir deux gagnantes à ce jeu. Alors Suzanne rentre chez elle, seule, se disant : « Je ferais mieux de l'oublier… C'est un sans-cœur. »

Le lendemain après-midi, Suzanne doit se rendre à une séance de photos de mode pour une importante compagnie de produits coiffants. Tous ses vêtements sont maintenant trop serrés. Elle appelle son amie Manon pour lui emprunter quelques tailleurs qui feront l'affaire. Mais, au beau milieu de la séance, alors qu'elle se change, le superviseur remarque qu'elle porte une gaine pour aplatir son ventre.

« Ça va paraître quand même, dit-il froidement en soufflant des volutes de fumée de cigarette.

– C'est pas grave… Je peux terminer, implore-t-elle.

– Tu sais, les filles-mères, c'est pas bon. Une mauvaise publicité. Prends ta paye et file, avant que tout le monde te voie… »

Le regard du patron est sans équivoque. Suzanne refoule ses larmes, ramasse ses affaires et se retrouve maintenant sans revenus. Elle pense : « Pourquoi les gens jugent-ils si sévèrement les filles enceintes ? J'ai rien fait de mal… »

Elle rentre à son appartement. Le frigo est vide. Le loyer n'est pas payé. Les factures s'empilent sur le comptoir. Dans deux jours, le propriétaire va se pointer. Elle arpente la rue Saint-Denis, à la recherche d'un autre boulot. N'importe quoi ! Mais le printemps tarde et il fait encore froid. Le climat morose n'incite pas les commerçants à embaucher. Épuisée et trempée jusqu'aux os, seule au monde, Suzanne broie du noir. Elle songe à son anniversaire qui approche, le 31 mars, avec anxiété. Lorsque les lumières s'éteignent dans les maisons des alentours, elle enfile l'un par-dessus l'autre les quatre tailleurs que son amie Manon lui a prêtés, met dans son sac à main quelques produits de toilette, et elle abandonne tout ce qu'elle possède derrière elle.

Plus de passé et pas d'avenir. Suzanne n'a pour famille que ce bébé qui commence à bouger dans son ventre. Elle passe la nuit à errer, se cache dans les ruelles pour éviter les policiers en patrouille. Le matin, épuisée, elle débarque chez son amie Manon. Après un café et deux rôties, Manon lui conseille de se faire avorter. « Ton cauchemar prendrait fin. » En pleurant, Suzanne s'effondre.

« Je ne peux pas faire ça ! Ma mère m'a abandonnée, tu sais… Moi, je n'abandonnerai jamais mon enfant. »

La mort dans l'âme, Suzanne prend l'autocar pour retourner chez son père. Cette décision est douloureuse et elle l'a prise après avoir pleuré toutes les larmes de son corps.

« Tu étais bien contente de lui lécher le cul, lui lance son père, Daniel, lorsqu'il la voit. Maintenant, tu paies… J'ai pas pitié de toi !

– Je savais que tu ne comprendrais pas. Pourquoi je suis revenue ici, tu penses ? J'ai personne d'autre au monde ! »

Au seuil de la quarantaine, son père, un hippie avant l'heure, avait fait du yoga sa seule religion. Son instabilité psychologique pourrissait la vie de sa fille depuis des années. Ses excès de violence et son autoritarisme avaient fait d'elle la victime parfaite. Pour être aimée de son père, elle avait supporté l'insupportable. Mais, un jour, elle avait claqué la porte. « Que j'te voie pas revenir enceinte d'un bâtard ! J'te tuerais ! » avait-il gueulé dans la rue pour que les voisins entendent.

Oserait-il le faire ? Suzanne espérait qu'il comprendrait. Il se braquait, elle l'avait prévu, mais demain... il se laisserait peut-être attendrir. Elle retrouve sa chambre d'enfant, restée intacte, comme un chat errant retrouve un vieux refuge. Sur le calendrier, elle compte les jours en se demandant jusqu'à quand elle devra se battre. Elle commence son sixième mois. Le bébé devrait naître à la fin de juin. Elle coche chaque jour jusqu'au 10 avril. Ce jour-là, sa cousine Aline se pointe.

« Je vais te dire comment faire pour t'en débarrasser.

– Mais je veux l'avoir, ce bébé ! Et j'aime ce gars-là. Quand j'aurai accouché, il va le reconnaître et me revenir. Les ressemblances, ça ne ment pas. Il aura les traits des gitans... Je le sens !

– Tu rêves. C'est pourtant facile de faire passer ça, dit-elle en regardant le ventre arrondi de Suzanne. Je peux t'aider.

– C'est trop tard pour avorter. Il bouge et je l'aime.

– Faut que tu boives du vin chaud, que tu montes et descendes l'escalier après avoir percé la poche avec des aiguilles à tricoter. Ça va tout déclencher et le bébé sera mort. Ta vie va recommencer comme avant. Ton beau Ritchie va te tomber dans les bras... Il va même admirer ton courage ! »

Suzanne tremble devant un tel projet. Les aiguilles à tricoter sont sur le lit. Étendues côte à côte, les deux jeunes femmes se regardent. La solution de l'une est un crime pour l'autre. Jadis des confidentes complices, les cousines ont maintenant une vision radicalement opposée de leur avenir respectif. Aline défend le droit de refuser cette maternité non désirée, de choisir d'avoir des enfants quand c'est le bon moment. Suzanne aime ce bébé d'instinct et espère lui donner ce qu'elle n'a jamais eu: une mère, de l'affection et une famille, la famille des gitans.

Après le départ de sa cousine, Suzanne décide de cesser de se battre contre tout le monde. Puisque ce bébé n'est pas le bienvenu, elle non plus ne souhaite plus vivre cette vie. Elle va dans la salle de bains et ouvre l'armoire à pharmacie de son père. Un cocktail de pilules de toutes les couleurs et quelques gorgées d'eau. Engourdie et légèrement étourdie, elle retourne dans son lit. Le temps s'arrête, la souffrance aussi.

«Vite, un lavage d'estomac!» entend-elle entre les hurlements de la sirène d'une ambulance.

Sitôt Suzanne revenue à elle, la voix de son père est sans appel: «Sors de ma vie! J'veux pus te voir la face! Jamais!»

Les médicaments du père cessent de faire effet, mais celui-ci se voit impliqué dans l'affaire, traîné dans la boue, car c'est lui qui fabrique ces potions, avec des herbes. On le traite de charlatan. La tentative de suicide de sa fille, sous son toit, lui fait perdre des clients, de la crédibilité. Il n'a aucune pitié pour celle qui vit un drame profond. Son égoïsme aggrave encore la révolte dans l'âme de la survivante. Elle jure alors que, pour lui, elle est bel et bien morte aujourd'hui.

Sa cousine lui apporte une petite valise contenant quelques vêtements et la conduit à l'arrêt d'autocar. Suzanne débarque au centre-ville, n'ayant d'autre adresse en poche que celle de l'hôpital de la Miséricorde où des religieuses accueillent les filles comme elle. Elle s'y rend à pied, péniblement. Elle jette un œil sur le calendrier qui est affiché sur le mur blanc de la salle d'attente: 13 avril 1964.

«Nous allons vous aider. Vous n'avez plus rien à craindre. L'avortement est un péché grave, plus grave encore que d'avoir des contacts sexuels avant le mariage, ma fille», dit la religieuse coincée dans son costume gris et blanc.

Après quelques jours de repos, la sœur la rencontre de nouveau dans son bureau.

« Nous vous avons trouvé du travail. Pas question de passer trois mois sans rien faire. Vous irez dès demain travailler comme bonne dans une famille très bien de la rue Saint-Laurent. Le couple attend son quatrième enfant. Vous serez nourrie et logée. Et vous reviendrez ici pour accoucher. Nous nous occuperons de tout. Plusieurs familles attendent pour adopter des bébés en bonne santé. Alors, il faut bien prendre soin de vous… Allez ! »

Pas de réplique possible. Le ton autoritaire de la sœur impose le respect, la soumission. Mais Suzanne relève la tête. Elle ne fait pas tout ça pour ensuite abandonner son enfant.

« Moi, je veux le garder, mon bébé. C'est moi, et moi seule, qui vais l'élever.

– Ma fille, votre naïveté fait pitié. Sans un emploi ni appartement, vous ne pourrez pas prendre soin d'un enfant. À moins que le père réapparaisse, évidemment. Par amour pour votre enfant, vous devriez lui donner une chance de vivre dans le confort et l'amour, dans la stabilité. Il aura droit à une bonne éducation chrétienne. Il n'a pas demandé la misère, lui… Votre bon sens devrait vous guider. Priez donc au lieu de vous rebeller. »

Suzanne s'installe chez son employeur et son quotidien s'accélère : entre les soins aux enfants, les repas et le ménage, les jours qui la séparent de son accouchement fondent à toute vitesse. À quelques reprises, elle peut prendre une journée de congé pour rejoindre son amie Manon. Quand elle est chez son employeur, tous ses faits et gestes sont rapportés aux sœurs. Chez Manon, elle se permet de téléphoner à Ritchie pour lui demander de l'aider, suivant les conseils de son amie qui prie pour que le père change d'idée à mesure que la grossesse évolue. C'est Anita qui lui répond et, grâce à son insistance, le jeune homme prend l'appareil, écoute Suzanne, mais sans enthousiasme.

« Tu pourrais m'envoyer un peu d'argent. J'ai rien pour m'acheter des jarretelles et une chemise de nuit... Et quand le bébé va arriver, je veux que tu viennes.

– Compte pas sur moi. Pas une cenne... Pis je suis sur un gros coup... Je veux pas que tu m'achales.

– Mais voyons... c'est ton bébé ! »

Mamo reprend le combiné.

« Il ne veut rien savoir. Il a d'autres chats à fouetter ces temps-ci. Les affaires vont mal, t'as pas idée. Mais promets-moi de venir me montrer ton bébé. Quand les hommes ne seront pas là... »

Suzanne accepte cette requête comme une preuve d'ouverture. Au moins, Mamo s'intéresse à elle, et cela lui semble précieux dans les circonstances. Son enfant aura une grand-mère et des oncles, des tantes, une famille à qui se confier. Le temps fera le reste et ils l'aimeront comme l'un des leurs.

L'été s'est installé, les enfants jouent dehors. Le 2 juillet, Suzanne peut passer une journée entière avec Manon. Depuis quelques jours, elle dort péniblement et se sent pataude. Le travail lui pèse de plus en plus. Elles vont au cinéma et, pour un temps, Suzanne oublie tout.

Au moment de rentrer, en traversant la rue, Suzanne s'étale de tout son long sur le sol. Alors qu'elle tente de se relever, un autobus fonce droit sur elle. Tout devient noir.

Chapitre VIII

La naissance de Dolly

« Tu l'as échappé belle, lui dit Manon. Un peu plus et tu passais sous les roues de l'autobus. »

Tremblante et encore sous le choc, Suzanne n'arrive pas à croire qu'elle aurait pu mourir écrasée.

« Tu m'as tirée juste à temps. Mon heure n'était pas venue… faut croire. »

Lorsque douze coups sonnent à l'horloge, les deux amies se souhaitent une bonne nuit. Mais Suzanne, installée sur le canapé du salon, n'arrive pas à fermer l'œil. Son cœur bat plus vite. Après la peur qu'elle a ressentie, c'est un tiraillement qui s'amplifie en elle et qui, par moments, se transforme en douleur. Vers une heure du matin, elle n'en peut plus. Un cri, presque une plainte, réveille Manon. Elle se précipite pour voir ce qui ne va pas.

« Pas de doute, confirme Manon en aidant Suzanne. C'est l'hôpital ! »

L'hôpital de la Miséricorde, la chambre grise. Elle a froid. Elle veut parler à Ritch, insiste pour lui téléphoner.

« Qui le demande ? Il est pas là, le beau Ritch. T'as pas vu l'heure ?

– C'est Suzanne. Je voulais lui parler. Mes contractions ont commencé. Il va être papa. »

La voix autoritaire de Junior lui perce le tympan.

« C'est ton problème, ça !

– Mais il est le père ! Ce bébé, c'est votre petit aussi. Je l'ai pas fait avec le Saint-Esprit, quand même. Je veux juste lui parler. C'est dur pour moi… »

La voix de Suzanne se casse. Une contraction lui coupe le souffle. L'homme suspendu au téléphone s'impatiente.

« Monsieur Junior, je vous en prie… Dites-lui au moins où je suis. Qu'il vienne me voir, s'il a du cœur !

– Il en a, du cœur, mais tu n'es pas une gitane, voilà ! Tu comprends ça !

– Je suis à l'hôpital de la Miséricorde. J'ai pas un sou… Mon père m'a tourné le dos. Une fille-mère, c'est trop honteux pour la société d'aujourd'hui. C'est la rue qui m'attend. Aidez-moi donc… Ritchie m'a toujours dit que vous étiez généreux.

– Je le suis envers ma famille ! Mais toi, ne nous dérange plus, compris ? »

À ces mots, Junior raccroche lourdement le téléphone.

Suzanne se prête ensuite à un examen mené par une sœur pour vérifier si le col se dilate normalement. Puis tout se précipite : la course de la civière, les lampes éblouissantes de la salle d'opération, les douleurs lancinantes, et le masque écrasé sur son nez. L'odeur d'éther fait tout disparaître dans son sillage. Elle rêve sans rien entendre du premier cri de cette petite fille aux cheveux noirs. Sur la fiche remplie par Suzanne quelques instants plus tôt, la sœur inscrit les informations supplémentaires sur le formulaire en trois copies : « Marie-Rose Bastien est née le 3 juillet 1964 d'un père inconnu. Elle pèse huit livres et douze onces et mesure vingt-deux pouces. »

Lorsqu'elle revient à elle, Suzanne sent son ventre tout mou et vide. Elle a un vertige et au moindre mouvement, le mal de cœur l'envahit.

« Ça va aller. C'est normal, après l'anesthésie. Vous avez un beau bébé en santé, annonce la sœur.

– J'veux le voir…

– Voyons donc! Vous connaissez les règles. Votre bébé est à la pouponnière. Vous devez l'oublier, maintenant. Pensez à vous!»

Suzanne sent monter en elle le lait qui devrait nourrir son enfant. Elle insiste: «J'ai une grosse montée de lait. Il faut me l'amener.

– Vous voyez ce formulaire… C'est votre vraie délivrance, croyez-moi. On va confier l'enfant à des gens qui ont de l'argent. Soyez raisonnable. Signez!

– Dites-moi au moins si c'est un garçon ou une fille…

– C'est une fille. Nous allons lui faire subir des examens demain, pour nous assurer qu'elle est normale. C'est mieux pour vous de ne pas vous attacher. Il lui faut une bonne famille, des gens dévoués et, surtout, d'une moralité irréprochable.

– Jamais! Je veux l'élever moi-même! Je suis pas une sans-cœur, moi. L'abandonner à des étrangers, jamais! Je veux la voir!»

La sœur ne cède pas. Son regard désapprobateur fait mal à la jeune mère encore fragile, mais déterminée.

«Demain, peut-être, si tout va bien et que vous arrêtez de crier. Vous pourrez la voir à travers la vitre de la pouponnière. C'est un hôpital, ici», dit-elle en s'éloignant.

La petite chambre grise suinte la solitude avec, comme seule décoration, un crucifix noir accroché devant le lit étroit. Dieu peut-il laisser faire ça?

Peu après, Suzanne voudrait téléphoner à Ritchie. Elle se lève, se rend au lavabo où un miroir fêlé lui renvoie son image. Avec son teint blafard, sa taille empâtée, elle a vieilli de vingt ans en quelques mois. Les contrats de photos, la carrière de mannequin, tu peux oublier ça, lui dit une petite voix en elle.

«Voulez-vous une collation? lui demande la religieuse qui surveille plusieurs jeunes mères de l'étage. Il faut aussi faire cesser vos montées laiteuses. Tenez, buvez ça, ça va vous purger.»

Le Jell-O rouge et les deux biscuits secs déposés sur le coin de la table de chevet sont vite avalés. Nerveuse et pressée, la sœur disparaît. «Toi, ma petite Marie-Rose Bastien, tu auras toujours de quoi manger et autant d'amour que tu voudras», se dit

Suzanne en se roulant en boule sur son lit, pour pleurer sa solitude sous les vieilles couvertures bleues.

Le lendemain, la jeune mère se rend péniblement jusqu'à la vitre de la pouponnière. Dans cette salle où sont alignées une trentaine de couchettes en verre, certains bébés dorment, d'autres poussent des cris stridents. L'infirmière lui demande son numéro de chambre, puis elle approche de la vitre une petite poupée qui s'agite, ne supportant pas d'être ainsi emmaillotée. Suzanne pense : « C'est elle, ma Marie-Rose, avec sa petite frimousse en ovale et ses grands yeux foncés, une petite tête hérissée de cheveux noirs et une voix infatigable qui semble crier son besoin de tendresse et d'amour. » Elle laisse couler ses larmes, la joie monte en elle. Rien qu'un moment, la prendre dans ses bras, la réconforter. Impossible. Les deux mains appuyées contre la vitre, une mère dépossédée regarde sa fille s'éloigner. La puéricultrice lui fait signe de s'en aller. Elle donnerait tout pour la toucher, la sortir de ce lit froid, la serrer contre elle. Ses larmes coulent en silence… Elle a le cœur déchiré d'entendre les appels de sa fille sans pouvoir y répondre. L'amour ne peut plus rester emprisonné en elle. C'est un appel si déchirant !

Les sœurs reviennent à la charge. Le formulaire devient un enjeu déterminant. Le chantage est subtil et l'insistance se transforme en un véritable harcèlement.

« Je veux garder mon bébé ! Vous m'entendez ? Personne d'autre que moi n'en prendra soin.

– Voyons ! Pas de père, toute seule, la famille qui ne veut rien entendre. Vous êtes une tête de linotte…

– Vos documents, vous pouvez vous les mettre où je pense… Ce bébé-là est à moi, rien qu'à moi !

– Pensez donc à l'enfant au lieu de vous regarder le nombril. Il va vivre dans la misère, alors que des centaines de familles aisées en espèrent un. C'est la volonté de Dieu. L'infertilité est comblée par des naissances illicites. Vous rendrez trois personnes heureuses. C'est une façon de racheter votre péché… en partie ! Vous êtes catholique, ne l'oubliez pas, ma fille !

– Ah oui ! L'œuvre de chair ne désireras qu'en mariage seulement... Quelle niaiserie ! Mon problème, c'est pas ça, ma sœur, c'est que j'ai choisi le mauvais gars. J'ai tiré le mauvais numéro ! Trop fier pour admettre qu'il m'aime et trop peureux pour affronter son gitan de père.

– Justement, il faudrait nous donner son nom pour les formalités. Elle aura au moins ça en héritage, cette pauvre petite. »

Un marteau frappe les tempes de Suzanne. Elle regarde le formulaire.

« Votre adresse, c'est quoi, déjà ? Pas de travail, pas d'appartement et pas de père... »

Elle est prête à se battre jusqu'au sang pour conserver la garde de sa fille, refusant de céder aux menaces des religieuses. Le formulaire reste là, non signé.

Suzanne se rétablit rapidement malgré le drame qui l'afflige. Au sortir de l'hôpital, elle trouve refuge chez son amie Manon, mais doit laisser son bébé aux religieuses. D'ici quelques semaines, si elle n'a pas trouvé de travail, elle perdra ses droits de mère biologique. Alors, chaque jour compte. Dès qu'elle se sent forte, elle se met à la recherche d'un emploi. Un jour, elle ose aborder quelqu'un qui travaille chez Eaton et on l'embauche comme vendeuse de cosmétiques. Quelques semaines plus tard, elle trouve un petit appartement.

Lorsqu'elle parvient à convaincre les sœurs qu'elle peut prendre soin de son bébé, elle se dit que plus rien désormais ne pourra les séparer. Elle s'approche de la fillette qui gazouille dans son lit et lui parle gentiment.

« Je suis ta maman... Viens, que je te prenne dans mes bras... »

Parce qu'elle a pris soin pendant quelques mois des enfants de la famille de la rue Saint-Laurent, elle sait comment s'y prendre avec les nourrissons. Elle ressent même une grande fierté de sortir enfin au grand jour avec, dans ses bras, ce petit cadeau de la vie, car sa fille est ce qu'elle a de plus précieux au monde. Suzanne pleure de joie. En elle résonnent encore les paroles de la religieuse :

«Vous serez la risée du voisinage. Votre fille ne pourra jamais se faire d'amis. On lui demandera sans cesse qui est son père. Une vraie honte l'attend ! »

* * *

Il neige. Tout l'espace est envahi par de gros flocons qui annoncent l'arrivée prochaine de l'hiver. Les rues de Montréal sont désolantes, avec leurs arbres nus et squelettiques. Malgré le poids de l'enfant, Suzanne marche avec plaisir sur les trottoirs, jusqu'à son appartement. Sur un babillard, elle a trouvé le nom d'une dame qui garde des enfants, à quelques rues de chez elle. Avec son salaire de vendeuse, elle pourra payer les quatorze dollars demandés. Évidemment, elle fournira chaque semaine les petits pots de nourriture Gerber, un luxe, dans les circonstances. Mais Suzanne voulait offrir ce qu'il y a de mieux à celle qui était devenue le centre de son univers, Marie-Rose. «Nous sommes inséparables, à la vie, à la mort», se répétait-elle lorsque, morte de fatigue, elle regardait l'enfant dormir.

Au fil des semaines, Suzanne décida de cumuler les emplois. Elle profitait de l'heure du midi pour vendre des roses à la Place-Ville-Marie. Bientôt, elle dut faire garder sa fille certains soirs. Elle fit alors la connaissance d'un Italien, Vito, un dessinateur réputé. Il créait des affiches, des bandes dessinées, et fréquentait les artistes les plus en vogue de Montréal.

Elle accepta d'abord ses invitations à dîner et l'accompagnait parfois dans des expositions. Mais jamais elle ne lui parlait de sa fille. Elle s'éprit de lui, mais craignait d'être rejetée s'il apprenait la vérité. Elle se livra tout de même à ce jeu de séduction sans savoir ce qui en résulterait. C'est ainsi que sa fille, qu'elle surnommait gentiment Pania, passa son premier hiver. Elle lui avait donné ce surnom en l'honneur de l'amour, inspirée par le destin d'une femme, personnage d'un film qu'elle avait beaucoup aimé.

Le printemps venu, Suzanne avait repris sa vie en main. Par un beau samedi après-midi d'avril, la veille de Pâques, lui vint l'idée d'aller présenter son bébé à la mère de Ritchie. « Elle doit connaître sa famille, cette petite, elle va les séduire », se disait Suzanne en brossant ses cheveux noirs. Et elle poussa le landau jusque chez les Demitro. « Oui, Pania aura un destin exceptionnel », se répétait-elle, puis elle sonna à la porte.

« Anita, c'est moi, Suzanne. Je viens vous présenter votre petite-fille… »

La Sicilienne devenue gitane portait les cheveux longs, retenus par un foulard coloré assorti à sa jupe ample. Elle ouvrit la porte avec un regard pénétrant qui se posa sur le bébé d'abord, puis sur la mère. Anita semblait vieillie. Elle avait l'air d'une bohémienne jusqu'au bout des doigts maintenant, ses bracelets tintaient à chaque mouvement.

« Viens, petite, entre vite. Je savais bien que tu reviendrais.

– Voici ma belle Pania, votre petite-fille. Elle est née en juillet. Elle vous ressemble, je trouve ! »

Sans dire un mot, Anita prend le poupon et le serre contre son cœur. La petite est le portrait tout craché de Ritchie, son fils aîné adoré.

« Cette enfant est magnifique. Elle aura un don, comme moi. Tu as bien fait de venir me la montrer.

– Et Ritchie, comment va-t-il ?

– C'est un imbécile ! Il veut épouser cette petite… Carole. Une étrangère, elle aussi. »

Mamo fronce les sourcils et ses traits se crispent. Elle se souvient de la violence extrême que son mari lui avait fait subir à cause de ses origines. Seule une gitane peut entrer dans le clan. Mais Suzanne n'aura pas à subir cela : elle est assez forte et organisée pour subvenir aux besoins de sa fille !

« Je dois te dire la vérité, Suzanne. Ta petite ne sera pas la bienvenue ici. Tu dois t'en occuper. Tu vas me dire où tu habites et je vais garder le contact avec toi. Quand ce sera tranquille, tu pourras venir lui montrer sa famille. Elle pourra jouer avec les autres, avec mes enfants. Mais, pour le reste, le mariage, tu peux oublier...

– Mais s'il la voyait, Ritchie changerait peut-être d'avis, insiste Suzy, attristée.

– Les Demitro ont des origines russes, l'as-tu oublié ? Trop d'orgueil et de pouvoir : ils vont la détruire et non l'aimer. La loi gitane ne connaît pas la pitié, ni la souplesse, ni même la tendresse. Sa vie est avec toi ! Si tu ne veux pas lui faire vivre un cauchemar... Comme elle est belle ! Je n'en reviens pas ! »

Suzanne lui laisse la petite un moment. Elle voudrait bien parler avec Ritchie. Elle trouve le jeune homme dans une autre pièce, et c'est d'un regard noir et implacable qu'il la met en garde.

« Ne pousse pas ta chance trop loin, Suzy. Avec les gitans, tu ne sais pas quels dangers tu peux faire courir à ta fille. Tiens-toi loin d'eux, de nous, de moi aussi ! »

Suzanne essaie de faire entendre raison à son ancien amoureux, mais un monde invisible les sépare. Elle se félicite d'avoir brisé le silence, mais elle a le cœur gros et demeure pensive : il doit être tout aussi difficile d'entrer dans le clan Demitro que d'en sortir.

Sur ces entrefaites, Junior rentre à la maison. Il a garé sa Cadillac argentée près de la porte. Il voit Mamo qui tient le bébé dans ses bras. Cette enfant, c'est tout le portrait de son fils, Ritchie, quand il était bébé ! Pania gazouille, toute potelée dans sa robe blanche et rouge. Les mains crispées, Junior saisit l'enfant et dit à Mamo : « Si elle portait la marque des gitans ? »

Quand Suzanne revient, le bébé n'est plus là.

« Où est ma fille ? demande-t-elle, affolée.

– Il y a une coutume gitane que tu ignores, répond Junior. Le chef du clan a le droit d'examiner sa progéniture. Si Ritchie est bien son père, je veux en avoir la preuve. Sinon, la porte du clan restera fermée à jamais pour ta fille.

– Elle et Ritchie se ressemblent comme deux gouttes d'eau. Ça ne suffit pas ? » lance Suzanne en espérant que Junior allait trouver la preuve qu'il cherchait.

Chapitre IX

Le choc

M algré ses efforts pour maîtriser la situation, la jeune
mère a le cœur serré en faisant un geste dicté par les
circonstances. Le médecin a été formel : « Il faut vous
opérer d'urgence, sinon vous risquez de perdre votre œil. »
Suzanne ne peut confier son enfant qu'à Mamo. Elle a mis tout
le nécessaire dans un sac, a emmitouflé sa fille et est venue en
taxi, avec un large pansement sur la tête. Dans son affolement,
elle espère qu'Anita s'occupera de Pania comme une grand-mère
digne de ce nom.

« Va… Va… J'ai juré de t'aider ! Et prends bien soin de toi ! »

Attiré par les voix, Ritchie regarde la scène. Suzanne n'ose pas
lui parler. Elle se sent si moche. Mais lui s'approche et la rejoint
au moment où elle s'apprête à remonter dans le taxi.

« Si tu la laisses ici, tu ne la reverras plus jamais, dit-il en lui
prenant le bras. Junior ne veut rien savoir. Tu ne sais pas de quoi
ils sont capables. L'autre jour, si je n'avais pas retenu Junior, tu ne
l'aurais jamais revue…

– Je te demande de veiller sur elle. C'est ta fille ! Je reviendrai
la chercher dans dix jours. Si je ne me fais pas opérer tout de
suite, je vais perdre mon œil. Tu comprends ça ?

– Tu es avertie. Les gitans sont ce qu'ils sont. Tu es une *gadji*,
je n'y peux rien. »

Pendant que l'anesthésiste lui administre un puissant sédatif, la jeune femme récite son mantra : « Je vais revenir te chercher… Maman ne t'abandonne pas… Je vais revenir… ma Pania… »

À son réveil, seul son compagnon de travail et ami, le clown Croque-Noix, est à son chevet. Il passe une main sur le front moite de la jeune femme et repousse les mèches de cheveux blonds. Les bandages l'intimident. Il a envie de pleurer, lui qui aime tant faire rire.

« Si tu m'entends, ma belle étoile, je veux te dire un truc. Tu es la plus jolie assistante que j'ai jamais eue. Il faut guérir. »

Suzanne n'a pas la force de répondre, mais elle a entendu. Elle est soulagée de savoir que son nouvel ami polonais se trouve à ses côtés. Il y a quelque temps, il lui a demandé de l'aider à faire connaître sa roulotte. Elle était là, un beau samedi, avec sa fillette dans les bras, subjuguée de le voir rire et gambader afin de vendre des jouets rafistolés de ses mains. Il vit dans cette roulotte, qui lui tient aussi lieu d'atelier. Chaque samedi, il va se poster au coin des rues, ou dans une station-service qui l'accueille aimablement, et il fait son numéro. Suzanne était allée lui parler et s'était prise de sympathie pour cet artiste qui peine à gagner sa vie. Voyant à quel point la barrière de la langue lui rendait la tâche difficile, elle avait proposé de l'aider.

« Si je venais samedi prochain, je pourrais me déguiser et traduire votre numéro pour les spectateurs. Et ma belle Pania pourrait venir avec nous… »

Enchanté à l'idée d'avoir une assistante, le clown avait immédiatement accepté l'offre de Suzanne. Accoutrée d'un tutu rose qu'elle portait par-dessus ses vêtements et de chaussons de ballerine, Suzy lui était rapidement devenue indispensable. Il lui remettait une partie des recettes et, de semaine en semaine, leur amitié a grandi. Elle traduisait ses paroles, animait les numéros, faisait rêver les enfants par sa grâce vaporeuse. Jusqu'à ce samedi où il la vit arriver avec un œil si rouge et si tuméfié qu'il lui donna l'adresse du Dr Wior, un de ses compatriotes.

Ce spécialiste constata l'urgence de la situation et la fit hospitaliser.

La convalescence doit durer dix jours et des consignes sévères s'imposent. Plus d'une semaine sans enlever le pansement et sans quitter le lit. Suzanne prend le parti de suivre les instructions à la lettre, faisant taire son impatience et son ennui. Elle pense à Pania nuit et jour. Elle compte les heures avec anxiété, jusqu'à ce que le vieux médecin fasse irruption dans sa chambre.

« Nous allons regarder cet œil de plus près, dit-il en déroulant lentement les bandelettes qui encerclent la tête de sa patiente.

– Et si l'opération avait échoué ? dit-elle d'une voix faible.

– Ayez confiance… Je vais décoller la paupière… Est-ce trop sensible ?

– Non, ça va, fait-elle en ouvrant l'œil. C'est un peu brouillé… Oui… je vois. C'est guéri !

– La cicatrice est bien refermée. Vous voilà guérie, ma fille. Je vous donne votre congé, mais restez tranquille à la maison encore quelques jours. Pas d'efforts, et ne vous penchez pas.

– Et ma petite ? Est-ce que je pourrai la prendre ? Elle n'a que huit mois…

– Pour le moment, il serait préférable de ne pas la prendre. Revenez me voir à mon cabinet dans un mois et, après, vous ferez comme bon vous semble. »

Suzanne se réjouit de cette perspective et demande à son copain Vito de venir la chercher. L'artiste se pointe à l'hôpital tout heureux de retrouver sa belle amoureuse. Exubérant et passionné, il veut qu'elle habite chez lui pendant sa convalescence, mais elle refuse.

« Je serai mieux chez moi. Mais tu pourras venir me voir plus souvent. Je serai en congé pendant quatre semaines, tu t'imagines ? Je vais avoir besoin de compagnie… »

Dès qu'elle est en mesure de marcher jusque chez les Demitro, Suzanne se hâte d'aller rendre visite à sa fille. Elle approche de la maison aux lourds rideaux rouges, anticipant le plaisir de revoir son ange et d'entendre ses cris de joie. Mais elle a beau frapper, personne ne vient ouvrir. Elle lève les yeux vers les fenêtres. Il y a du papier journal dans les vitres. Plus aucun rideau; plus rien dans la cour. La galerie est déserte. Elle regarde sa montre. À cette heure, Mamo devrait être là! Son angoisse grandit. Où sont les Demitro? Où est sa fille?

Alertée par les appels de la visiteuse, une voisine se montre à la fenêtre du deuxième étage.

«Arrêtez de crier. Ils sont partis. Ça fait bien dix jours maintenant, en pleine nuit. Paraît qu'ils ont pas payé le loyer…

– Mais c'est impossible… Où sont-ils allés?

– J'sais pas. Y parlaient pas aux voisins…

– Vous avez pas idée d'un endroit?… Je peux pas croire… Ils ont ma fille…

– J'sais rien…

– Ils ont enlevé mon bébé!»

Suzanne sent ses jambes ramollir. La famille est donc partie dans la nuit qui a suivi son entrée à l'hôpital. Ritchie l'avait prévenue, mais elle ne l'avait pas cru… Les gitans sont bel et bien capables de tout.

Aidée par Vito à qui elle a fini par tout raconter – ce coup de foudre pour un gitan et la naissance de sa fille –, Suzanne porte d'abord plainte à la police, puis mène son enquête auprès des amis de la famille. Pendant des semaines, elle parcourt les rues et les ruelles, espérant reconnaître sa petite, les enfants d'Anita, ou Ritchie et sa bande. Plus rien. Les Demitro se sont évaporés dans la nature, sans laisser de traces.

Vito, inquiet, l'enjoint d'être prudente et de ne pas faire de gestes irréfléchis.

«On m'a dit qu'ici, à Montréal, les gitans sont dix fois plus puissants que le clan des Italiens.»

La colère s'empare d'elle. Plus Vito la supplie d'agir prudemment, plus elle veut défier les lois du silence.

Quelques jours plus tard, elle se pointe devant l'ancienne demeure des Demitro. Elle n'a pas dormi de la nuit, tellement l'angoisse la tenaille. Pas déjeuné non plus… Et elle frappe à la porte avec force pendant quinze minutes, sans que personne ne vienne ouvrir.

« Jamais, vous m'entendez, jamais je ne renoncerai à retrouver ma fille. Jamais ! »

Prise d'un étourdissement, Suzanne se sent tout à coup faiblir, comme si l'énergie quittait son corps. Elle s'écroule sur le trottoir et sa tête heurte le perron. Un filet de sang se fraye un passage entre ses cheveux blonds et s'écoule sur l'asphalte tiède de la rue Saint-Denis.

* * *

En me racontant cette histoire, Suzanne revit le drame effroyable de cette disparition avec les larmes aux yeux. Elle a demandé que je l'écoute sans l'interrompre. Je me rends bien compte qu'elle est envahie par la culpabilité et qu'elle craint que je lui en veuille pour son absence durant les premières années de ma vie. C'est à mon tour de la prendre dans mes bras et de lui promettre de ne jamais l'abandonner. Sur ces paroles rassurantes, elle trouve le courage de poursuivre son récit…

Chapitre X
Le clan

Plusieurs années après les événements décrits ci-dessous, j'ai obtenu plus de détails sur les jours qui ont suivi mon arrivée dans la famille Demitro. Mamo, persuadée que ma jeune mère était incapable d'assumer seule les responsabilités qui viennent avec la charge d'un enfant, a ressenti le besoin de me recueillir parmi les siens. Touchée par ma ressemblance avec Ritchie, elle a laissé l'instinct maternel guider sa décision.

Pendant la nuit qui a suivi l'entrée à l'hôpital de Suzanne, la vie des Demitro a été bouleversée. Lorsque des nuages noirs s'accumulent, leur premier réflexe de survie est de réunir la famille et de partir.

« Demain, claironne Junior, on va se trouver une autre maison. »

Mamo, Jade et Dolly ont fait la route dans la vieille camionnette, alors que les autres membres de la famille Demitro ont voyagé dans la voiture de Ritchie. La plate-forme de la camionnette déborde de valises, de sacs-poubelle empilés et de quelques meubles essentiels. Ils ont tout entassé pêle-mêle en moins de deux heures, sans bruit, pour ne pas alerter les voisins. Puis Junior a pris le volant en direction de Toronto. « La famille va nous aider, faut pas s'en faire », a-t-il dit nerveusement.

La maison avait été difficile à trouver dans ce dédale de petites rues. Un quartier pauvre, avec des portes alignées sur la rue, sans escaliers, sans trottoirs, sans lampadaires. Heureusement, le jour se levait. Le vieux Gustav est apparu à la fenêtre, puis il a ouvert sans hésiter. De ses bras maigres, il a serré son frère de sang avec force.

«Tu es ici chez toi. Ta famille aussi. Tant que tu ne trouveras pas mieux. Venez vous dégourdir. On était sur le point de se lever.

– Ça fait des heures qu'on roule. Si c'est possible, toute la famille aurait besoin de manger quelque chose.»

Les voyageurs découvrent la maison que les premiers rayons de soleil éclairent.

«Laissons les femmes s'occuper de tout ça et raconte-moi ce qui t'amène, dit Gustav en prenant Junior par les épaules. Je te pensais heureux à Montréal.

– Ouais, les affaires, c'était bon. Anita trouvait le pain et le beurre. Moi, je faisais des affaires dans l'automobile, avec les plus vieux. Mais il a suffi d'une plainte et le tapis a glissé sous nos pieds.

– Je comprends. Vaut mieux disparaître. Ici, tu vas te refaire. Le clan compte de bons amis, dans la police aussi. Personne ne nous embête tant qu'on suit la règle. Faut juste pas lésiner sur les petits cadeaux.

– Puis-je compter sur toi pour un travail? demande Junior. J'ai plusieurs bouches à nourrir.

– Ne t'en fais pas. Tu ne crèveras pas de faim. Tu commenceras dès ce soir. Pour l'instant, viens prendre un café avec une larme de cognac. Après, tu dormiras un peu.»

Pendant que la nourriture circule de main en main, les femmes ont entrepris de faire de la place. Lola, la femme de Gustav, a connu l'époque des nomades. De ville en ville, les familles survivaient en vendant toutes sortes de choses, le plus souvent volées, ou en travaillant aux récoltes. Mieux que personne, Lola comprenait pourquoi Anita avait en ce moment la peur au ventre. En parler lui ferait du bien.

«Un client hargneux, un vieux cochon a porté plainte à la police parce qu'il voulait nous traîner dans la boue, mais le flic nous a prévenus juste à temps. Et puis les loyers, les comptes, les voisins… Je le voyais bien venir, ce voyage-là, confie Mamo, les traits tirés.

– Les petites sont bien sages. T'as pas à te plaindre, dit Lola. Moi, je ne suis plus en âge. J'ai perdu ma patience.

– Jade a maintenant deux ans. Et ma petite Dolly c'est ma dernière, mon bébé, tu comprends.

– Tu la préfères aux autres. Tu la couves encore…

– C'est Dieu lui-même qui me l'a mise dans les bras. J'aime tellement les bébés! Celle-là, je sais qu'elle ira loin. J'ai le sentiment qu'elle va apprendre vite, juste à voir faire les autres», conclut Mamo en se remettant peu à peu de ses émotions.

Les heures tournent. Les Demitro se font un nid dans le grenier, où des vieilleries s'entassent. Ici, un matelas; là, une vieille commode; et des rideaux délavés séparent les espaces que les enfants occuperont en laissant un coin pour les parents. Jade et Dolly dormiront sur les deux valises qui contiennent les quelques vêtements des jours de fête. À tour de rôle, les enfants se lavent et viennent s'habiller. Dès cinq heures de l'après-midi, les premiers amis commencent à arriver, déposant sur la longue table des plateaux de nourriture, des fruits, des boissons, en guise de bienvenue. Et la *rékia*[16] commence à couler à flots. Pour chacun, il y a d'abord l'accolade, puis on porte un toast avant de se mettre à manger. Lorsque les plateaux sont à moitié vides et les estomacs trop pleins, le violon et la guitare scellent l'amitié universelle des gitans.

Les femmes dansent, se laissent emporter par l'ambiance et par le rythme des mains qui marquent le tempo. Dolly semble apprécier la fête et le regard des gens posé sur elle. On la sent déjà impatiente de pouvoir elle aussi danser avec les autres femmes. Dans les bras de Mamo, elle bat des mains, riant joyeusement.

---

16. En manouche: L'alcool.

Épuisée, elle finit par tomber de sommeil. «Viens, ma belle, viens dormir et rêver. Tu auras parmi nous plus d'amour que tu pouvais en espérer. Et que Dieu protège Suzanne!»

* * *

«J'ai eu cette enfant-là à Toronto. Je veux que ma fille soit baptisée», a simplement dit Mamo au prêtre qui lui faisait face.

Le vieux prêtre en avait vu d'autres, des arrivants qui voulaient régulariser la situation des enfants. Il ne posait pas de questions. Il accueillait les «créatures du bon Dieu» à sa façon, laissant toujours ouverte la porte de son église. Les documents étaient vite remplis. Cette famille italienne reçut donc, peu de temps après son retour à Montréal, l'extrait de naissance de la petite Dolly Demitro. Le débat sur l'adoption de la fille de Ritchie paraissait clos, en apparence, mais le feu couvait sous la cendre. Personne n'entendait jamais les parents se quereller. La pudeur voulait que la femme ne contredise jamais son mari en public. Cependant, derrière la porte fermée de leur chambre, Junior et Anita s'affrontaient fréquemment sur la question.

«On va l'élever comme si elle était à nous. Les papiers confirment que c'est notre fille. Un point, c'est tout!

– C'est une *gadji*… Jamais je ne l'accepterai. Et elle prend la place de Jade.

– Elle a un quart de ton sang dans les veines. Les autres en ont la moitié et tu les aimes quand même! On les élève comme il faut, dans le respect des traditions. Ils ne sauront jamais notre secret, c'est tout. Je m'occupe du reste. Elle est "ma fille", tu m'entends? Dolly nous portera chance, tu vas voir. Elle a du talent. Elle sera riche…

– Et si sa mère revenait? Tu ferais quoi? Suzanne a des droits.

– Nos papiers sont en règle. En a-t-elle seulement de son côté pour prouver sa maternité? Pense à la petite: elle pourra aller à l'école comme les autres enfants. De toute façon, Montréal est une grande ville, et le temps passe. Suzanne ne pourra jamais la reconnaître. En deux ans, elle a dû elle aussi refaire sa vie. Elle aura d'autres enfants, à son âge !

– Pour Ritchie, ç'a pris moins de temps que ça. Il aime les étrangères. Quand je pense qu'il m'a défié deux fois. Son avenir ? Qu'il s'arrange avec ses troubles, *akana*[17] !

– Il n'a pas voulu accepter Suzanne et son bébé, par ta faute. Tu es trop exigeant, beaucoup trop ! Épouser une gitane n'est pas toujours une bénédiction. Une *gadji* peut devenir plus gitane qu'une vraie gitane. Tu l'as forcé à laisser Suzanne à la rue… Et ce qui devait arriver a fini par se produire : il a mis Carole enceinte. Ce n'est pas mieux. Mais ses parents à elle ne l'ont pas abandonnée et notre frivole de fils a été obligé de l'épouser. Il a choisi. Le voilà père du petit Étienne. Heureusement qu'il gagne bien sa vie.

– C'est un paria, un ingrat. Les gitans doivent respecter la règle. Se soumettre à la coutume : pas d'impurs chez les Demitro ! Jamais, tu m'entends ! Je t'ai trop laissé de liberté, à toi aussi. Je m'en mords les doigts aujourd'hui.

– Dolly sera une *shoroe*. Je m'en porte garante, supplia Anita en se pendant au cou de son mari intransigeant.

– Gare à toi, femme, si tu oses braver de nouveau mon autorité. Je serai sans pitié », déclare-t-il en la menaçant de sa main autoritaire où brillent plusieurs grosses bagues.

Après presque deux ans d'éloignement, le temps de se faire oublier des policiers, le clan était de retour à Montréal. Les deux fillettes étaient comme des sœurs, malgré leurs différences physiques. Plus débrouillarde que sa sœur aînée Jade, Dolly attirait tous les regards. Cette fois, Mamo souhaitait que les deux fillettes passent inaperçues dans le quartier.

Deux autres années s'écoulent, et lorsque vient le temps de la prématernelle, c'est une fête pour Dolly. Elle enfile la petite jupe

---

17. En manouche : Maintenant, à partir d'aujourd'hui.

marine et la blouse blanche qui la font ressembler à toutes les autres fillettes de quatre ans. C'est la première fois qu'elle porte ses souliers neufs, et c'est en grimaçant et en boitant qu'elle se rend à l'école des grands. Dans ce quartier pauvre de Montréal, les enfants vivent dans les ruelles au gré des saisons. Les parents les aiment et les nourrissent, mais ont bien peu de temps à leur consacrer. Bottes et manteaux servent indifféremment à l'un ou à l'autre, si bien que Dolly n'a rien à elle. Ce qui ne va plus à Jade, Dolly en hérite.

Deux ans passent sans histoire et la fillette se sent fière de commencer enfin sa première année. Malgré la consigne, Dolly aimerait parler à tout le monde. Elle aime les gens et voudrait être gentille avec chacun, mais Mamo la punira si elle ne tient pas sa langue. Dolly flâne dans le parc, après l'école, lorsqu'un garçon de son âge s'approche d'elle.

«Vas-tu à l'école Sainte-Maria-Goretti, comme moi?

– Oui.

– Je m'appelle André. Et toi?

– Dolly.

– Pourquoi tu te laves pas?

– J'sais pas, répond la fillette, gênée.

– Ma mère veut pas que je joue avec les étrangères. Elle dit que vous puez, que vous avez des poux.

– Ben non. J'ai rien.

– Pas de savon, ça, c'est sûr, ajoute-t-il en se moquant.

– Non.

– Pas de brosse à dents?

– Non.

– Pas de chaussettes dans tes souliers?»

Au bord des larmes, sentant qu'elle est trop différente pour se faire au moins un ami, Dolly rentre à la maison en se traînant les pieds.

C'est Jade qui la questionne au retour de l'école, car Mamo est occupée à dire la bonne aventure à une cliente, derrière les rideaux de velours rouges. Les fillettes parlent à voix basse pour ne pas les déranger.

« J'ai pas d'amis, pleurniche Dolly.

– Mais tu m'as, moi. Je suis ta sœur. Une sœur, c'est mieux qu'une amie.

– T'es pas toujours là. Je voulais jouer avec un garçon de l'école…

– Qu'est-ce qu'il t'a dit ?

– Que je pue.

– C'est pas vrai ! Tu vas avoir plein d'amis. Oublie ça ! Viens jouer… »

Les fillettes fouinent dans la maison. Jade grimpe sur le comptoir et, en redescendant, elle fait tomber un bibelot qui se brise. Le soir venu, Junior veut réprimander Jade, mais celle-ci accuse Dolly qui se fait gronder à sa place. « Va te coucher le ventre vide, dit Junior en levant la main sur Dolly. Ça t'apprendra à rester tranquille. »

Plusieurs fois, déjà, Dolly a été punie et a reçu des coups pour des fautes qu'elle n'a pas commises. Pourquoi Jade est-elle à la fois gentille et méchante avec elle ? En silence, elle se couche sur le matelas où son toutou lui sert d'oreiller et de confident. Elle s'endort sans comprendre le monde des grands. Demain, elle ira à l'école et apprendra bien quelque chose…

Lorsque Mamo la regarde dormir, elle ne peut réprimer sa peur. Cette enfant intelligente finira forcément par poser des questions… Et si Suzanne la retrouvait ? Si Junior refusait de l'aimer ? Quel serait son destin ?

Elle passe la main sur son front pour décoller les cheveux noirs mouillés par la sueur. La frimousse barbouillée de poussière montre deux traces laissées par les larmes sur les joues. « Si tu n'es pas née gitane, tu le deviendras… Je le jure ! Et jamais personne ne m'enlèvera ma petite poupée. »

* * *

« Ne touche pas à ça ! C'est pour la visite, ordonne Mamo en donnant une tape vive sur la main de la fillette.

– J'ai faim, moi…

– Attends, comme les autres.

– Tu es méchante. Je voulais juste manger un peu, se plaint Dolly en frottant sa main rougie.

– Tiens, mange ça et arrête de faire le bébé. T'es trop grande pour jouer à ça. Pourquoi tu dors pas, aussi… Jade, elle dort, elle !

– J'avais trop froid. Et encore plus faim. »

Alors que des paniers remplis de nourriture s'empilent çà et là dans la grande cuisine d'où on a retiré les chaises et les bancs, Mamo perd la notion du temps. Pas de riches clientes aujourd'hui, c'est l'anniversaire du père de Junior. Il y aura ici dans quelques heures des dizaines d'amis, des membres de la grande famille, réunis pour une fête gitane d'importance. À soixante-dix-huit ans, Papo tire sa révérence. Il sait que sa vie s'achève. Anita est fébrile. L'ascension sociale est très importante dans le clan. « Junior a tout pour devenir un chef », se dit-elle. Mais elle connaît ses faiblesses mieux que quiconque. Aussi tient-elle solidement les cordons de la bourse, lui remettant seulement ce qu'il réclame pour briller : des vêtements chics, des souliers vernis, des bagues et des chapeaux extravagants, sans oublier l'alcool et les cigares qui sont devenus les symboles de sa prospérité.

Tirée de ses réflexions par les jérémiades de Dolly, Mamo s'essuie les mains sur son tablier, saisit un morceau de pain, pose une main enfarinée sur la tête de l'enfant et la regarde mordre avec appétit dans le quignon. Sur la tête sale de la fillette, la poudre blanche contraste avec la tignasse noire, et Anita en est attendrie.

« Tu vas nous laver tout ça, et tout de suite. Ce soir, il faut être belle. Tu vas chanter et danser. Papo m'a confié un secret…

– Quoi ? Qu'est-ce qu'il t'a dit ?

– Il m'a dit que tu es sa préférée. Il voudrait que tu l'aimes autant que les bonbons. Il se fait vieux et a toujours la larme à l'œil.

– Il va mourir… À l'école, le grand-père de Joanna est mort.

– Pas tout de suite. On ne meurt pas forcément parce qu'on est grand-père. C'est vrai que Papo a vieilli, il a perdu la santé. Il reste presque toujours dans sa chambre. Mais ce soir il sera là, dit-elle en désignant le fauteuil solitaire qui trône au bout de la table.

– Je peux m'asseoir dedans ?

– Non, pas question. Ja[18], va t'habiller pendant que je prépare les plats. Mets ta jupe rouge et ton foulard. Tu seras une vraie beauté. La reine de la soirée ! »

Dans la chambre que Dolly partage avec Jade, deux matelas gisent à même le sol et quelques vêtements sont dispersés le long du mur. Jade s'étire en entendant du bruit. Pas de draps ni d'oreillers. Jade et Dolly dorment avec leurs vêtements de tous les jours. Outre la jupe et la blouse d'écolière, Dolly n'a qu'un pantalon, deux t-shirts et, pour le dimanche, une jupe colorée qui fait des froufrous. Elle la porte toujours pour aller voir Papo. Le rouge du foulard lui rappelle celui des bonbons.

Il n'y a pas d'horaire chez les Demitro, sauf les jours d'école, quand Mamo vient les réveiller. Après un petit déjeuner rapide, Dolly s'en va, son lunch dans un sac en papier. Elle aime l'école, la petite. Rosa, l'institutrice, lui donne la moitié de sa pomme. Rouge aussi. Elle aime ça et, pour lui faire plaisir, elle fait bien ses devoirs.

Dolly joue un peu avec sa seule poupée. C'est une vieille Barbie délaissée par sa sœur, parce que ses cheveux sont devenus impossibles à coiffer. Dolly aime sa tignasse tout emmêlée, comme la sienne.

Puis, lorsqu'elle a enfilé sa jupe rouge, Dolly s'approche de Mamo avec une brosse dans sa main.

« Va demander à Jade. Moi, je n'ai pas le temps. »

Mamo a commencé à disposer les grands plats de fruits et les assiettes sur la table. Des verres de toutes les couleurs sont sur le

---

18. En manouche : Va, disparais de ma vue.

buffet, devant une dizaine de bouteilles d'alcool qui ressemblent à une grande forêt.

Dolly va réveiller sa sœur.

«Veux-tu être ma coiffeuse? Mamo m'a dit de te le demander…»

Jade se redresse, s'étire, puis saisit la brosse à cheveux.

«C'est tout mêlé…

– Aïe! Tu me fais mal!»

Soudain la porte claque dans la cuisine. Les fillettes ont peur: Junior est en rogne.

«Anita, c'est toi qui as invité Ritchie et sa famille? T'as perdu la tête?

– C'est ton fils! Notre plus vieux! C'est pas correct de le rejeter. Pas pour la fête du grand-père, en tout cas. Il y aura plein de monde. T'as juste à ne pas lui parler. Moi, je veux avoir tous mes enfants ici. En plus, il joue bien de la guitare. C'est un des meilleurs.

– Folie! Sa femme est une étrangère et ses enfants des *gadjés*. Ils n'existent pas pour moi.

– Carole est une fille bien. Ces enfants existent et on ne les fera pas disparaître, même si tu es têtu comme un bouc. Elle a commencé à apprendre notre langue. Laisse-lui le temps de s'intégrer. Moi, je l'ai fait!

– Toi, tu devrais tenir ta langue et te contenter de m'obéir sans me provoquer sans cesse. Les femmes de gitans, les vraies, elles savent respecter la règle. Quand je serai le roi du clan, faudra être des purs, sinon… La guerre coûte cher pour les faux frères.

– Ta mémoire faiblit. Oublies-tu que je t'apporte plus d'argent que bien des gitanes pures, comme tu dis? Tu ne craches pas sur mon argent…

– Au moins, les affaires vont mieux. Les autos, c'est bon, mais on doit toujours avoir les policiers à l'œil. Toi, tu ne risques pas ta vie chaque jour. Moi, j'ai beaucoup de pression et bien du monde à protéger.»

Quand les fillettes sortent de leur chambre, elles voient bien que Mamo a pleuré : elle se frotte les joues avant d'aller accueillir les invités. Ritchie, l'aîné, arrive avec Noémie, sa dernière, alors que sa femme Carole tient la main d'Étienne, qui a juste un an de moins que Dolly. Pendant que les enfants se partagent les quelques jouets, les hommes tiennent une importante réunion. Ritchie n'y est pas invité ; il reste avec les femmes. Le malaise est à couper au couteau.

« Quand il sera le roi des gitans du Canada, je deviendrai son bras droit. Et, un jour, ce sera moi, le roi », dit Ritchie en débouchant la bouteille de Rémy Martin pour le toast du couronnement.

Peu après, les hommes reviennent l'un après l'autre, prennent les verres tendus par Ritchie et se mettent en cercle autour de Junior. Maintenant, tout le monde est prêt pour la fête. Papo apparaît, soutenu par deux hommes, et il dit : « Mon grand voyage peut commencer. *Ta avale boche talo quon drome*[19] ! »

Les bons plats nourrissent le corps, la musique fait vibrer l'âme, l'alcool réchauffe les cœurs – et tout cela cache pour une nuit les milliers de secrets que les Demitro traînent derrière eux. Plus que jamais, ils seront une cible… Mamo est la seule à craindre, jour et nuit, pour son mari, pour ses fils et ses filles, qu'un malheur arrive. Elle a toujours cette inquiétude en elle et ne dort que d'un œil, scrute chaque détail afin de veiller sur la famille qui l'a accueillie jadis. Le mauvais sort, elle le sent rôder bien au-delà des apparences.

Alors que des dizaines de personnes dorment ici et là, sur les lits des enfants, les fauteuils, les amas de manteaux, elle fait une dernière ronde. Elle ouvre la porte pour voir le soleil se lever. A-t-elle raison d'avoir peur ? Elle a le sentiment qu'un malheur plane sur son clan. Seule à pressentir une guerre sans merci, elle allume un lampion et soupire en espérant que Junior saura se montrer prudent.

---

19. En manouche : Que la chance soit sur le chemin.

Les dernières années avaient permis à la famille Demitro de prospérer et de se sortir peu à peu de la misère. «Mais tout a un prix», répète Mamo en voyant bien que la petite enfance de ses rejetons est révolue. Même Dolly, son bébé, vieillit de jour en jour. Quel avenir l'attend? Va-t-elle un jour apprendre la vérité sur ses origines? Mamo fait son signe de croix devant la Vierge Marie et murmure une prière: «Que Dieu protège tous mes enfants!»

PARTIE III

Toujours cette peur

J'ai le cœur qui bat comme s'il allait exploser. Oui, je l'ai fait. J'ai réussi à prendre des billets de mille et de cent dollars dans la boîte de conserve que Mamo avait bourrée à ras bord. C'est l'une de ses cachettes. Heureusement, elle ne regarde pas combien elle glisse dans l'ouverture étroite. Il m'a fallu des pinces à épiler pour saisir les billets un à un… Sans bruit, j'ai ensuite placé une chaise sous la fenêtre de la salle de bains et j'ai enjambé le châssis, comme j'ai pris l'habitude de le faire pour m'échapper discrètement. Je me retrouve sur le toit d'où j'atteins la véranda. J'emprunte l'escalier de secours et je descends en retenant mon souffle car, si on me surprend…

Ce soir, je me sens riche. Je veux me sauver. Un soir de liberté n'a pas de prix. J'aime me mettre en danger. Je me bats contre ma peur quotidienne, comme si j'étais toujours suivie par un œil accusateur. Dès que je touche le sol, je cours à toutes jambes jusqu'à la rue. Il y a toujours un taxi devant le bar où ma mère recrute ses clients. Je ralentis, m'assure que personne ne me voit et, comme si j'étais une dame respectable, je fais signe au chauffeur d'approcher. Je le reconnais.

La liberté m'attire comme les lampadaires attirent les papillons de nuit. «Malheur à toi si tu désobéis!» me répète constamment ma mère. Si mon père ou mes frères découvraient ma fugue, ils me tueraient. J'ai quatorze ans et déjà je sais comment attiser les regards, sourire et dire les mots qui séduisent. Et je décide de ce que je veux ! Le pouvoir sur les hommes, ajouté à celui de l'argent, me donne l'air de tout savoir, de tout contrôler. Je joue la séductrice, c'est mon antidote contre le poison du manque d'amour. C'est aussi ma vengeance contre Antonio. Je m'amuse à séduire et j'aime faire souffrir les hommes comme lui.

Chapitre XI

La souricière

Cinq adolescents m'encerclent, chacun sur son vélo. Mamo m'a prévenue, tout est dangereux hors de la maison. Les hommes, en particulier, sont imprévisibles. Aujourd'hui, c'est la tournée des quartiers pour distribuer les publicités qui attireront des clients friands de bonne aventure, et le porte-à-porte m'a séparée de mon frère.

« Qu'est-ce que tu fais ici ? T'es pas du quartier, dit un grand maigre aux cheveux roux.

– Ma tante reste juste là, dis-je en pointant du doigt une maison.

– Mais c'est pas une heure pour se bercer sur le perron, alors elle te verra pas et ne t'entendra pas si tu cries. *Niet*, ajoute un gars plus costaud.

– Mon frère, lui, va m'entendre, même qu'il n'est pas loin », dis-je en les regardant avec assurance.

Je me sens comme une souris dans la cour des chats. Sous mon air arrogant, je meurs de peur. Je tire sur ma jupe pour la rallonger. Vais-je réussir à filer ? Je ne peux battre de vitesse ces garçons à bicyclette. Je risque de me retrouver dans une ruelle encore moins fréquentée. Il faut gagner du temps. Danny verra bien que je ne reviens pas, quand il sera arrivé au bout de la rue.

Comme tous les vendredis soir, nous prospectons un quartier différent pour recruter des clients. La bonne aventure, c'est encore ce qui fait vivre la famille. Nous ne rentrons que quand nous avons distribué tous les prospectus. Même lorsqu'il pleut, la tournée doit se faire après le souper, c'est la routine.

«C'est quoi, ton papier? demande un gars en s'approchant de moi.

– C'est pas de tes affaires.

– Une cartomancienne! C'est ta mère ou ta tante? Si elle peut voir l'avenir, elle a sûrement deviné ce qui va t'arriver ce soir...»

Je ramène mon sac devant moi, comme un bouclier. S'il y en a un qui s'approche trop, je vais crier. Des passants m'entendront. Mais je ne dois pas alerter la police. Ma mère ne me le pardonnerait pas.

«Tu caches tes boules... T'as peur? Viens, tu vas voir comment on accueille les petites nouvelles dans le quartier. On va s'amuser un peu...

– T'es trop dégoûtant. C'est moi qui choisis avec qui je joue.

– OK. Lequel tu veux? Les autres vont regarder...

– Vous êtes juste des p'tits gars. Moi, j'aime les hommes qui ont du muscle.

– On va se mettre tous ensemble et tu vas en avoir, du muscle», dit le grand roux en descendant de son vélo.

Mon cri retentit entre les murs de pierres rouges, où les gars me poussent. Les deux premiers sont couverts par les trois autres encore à vélo. De la rue, on m'entend, mais on ne me voit pas. Je panique. Je veux m'échapper, mais les bras me retiennent, les mains me tripotent, me retroussent la jupe par-dessus la tête. Je ne peux que crier et me débattre. Je manque d'air. Ma culotte est déchirée. On me bouscule pour que je me couche par terre. Un gars place mon sac sous ma tête et un autre maintient ma jupe sur mon visage en tentant de me bâillonner de tout son poids. Je tremble, la peur me dévore. Je n'aurais pas dû les provoquer... Depuis qu'Antonio m'a violée, la crainte de revivre cette douleur et cette violence me tenaille. Mamo a raison : hors des frontières du clan, le danger est partout.

Soudain, un coup de sifflet : Danny appelle ses cousins en renfort. Il m'a retrouvée. La pression sur ma bouche se relâche.

« C'est quoi, ça, les gars ? On s'en prend aux fillettes ? » lance mon frère en s'approchant, quelques adolescents à ses côtés.

Comme des lapins, les jeunes tentent de fuir. De la main, Danny désigne des cibles pour ses amis.

« Toi et toi, celui-là. Vous deux, par ici. Moi, je prends le roux. »

Pendant que je me relève, la bagarre éclate dans la ruelle. Les vélos bloquent les issues. Il faut faire vite, car la police va arriver. En quelques secondes, cinq gars se retrouvent sur le sol et mon frère me prend sur sa bicyclette. Je m'accroche à son dos et nous déguerpissons.

« Dis rien à maman, surtout. Elle me priverait de sorties pour le reste de ma vie ! »

J'ai un goût amer dans la bouche. J'ai l'impression d'avoir échappé de peu à un autre viol et cette idée me terrifie.

Le lendemain matin, ma mère m'interdit d'aller à l'école. Ma tante de Toronto a fait un cauchemar et elle a vu que quelqu'un allait m'enlever. Alors Mamo nous garde, ma sœur et moi, avec elle, car elle croit au mauvais présage.

Le surlendemain, à l'école, la maîtresse m'a demandé la raison de mon absence. J'ai dit que c'était à cause du rêve de ma tante. Tous mes camarades ont ri de moi.

Les mauvais présages faisaient partie de notre quotidien, mais les autres familles se sont toujours moquées de nos croyances. Pour nous, les rêves ont une grande importance. Mes cauchemars me faisaient prendre conscience de mes propres craintes. Dans ces rêves, je me retrouvais dans une maison vide, sans personne et sans argent. Tous les dangers me guettaient, mais personne ne venait m'aider. J'étais seule, abandonnée de tous, sans aucun repère auquel me raccrocher.

* * *

Alors que la vie des écolières de mon âge semblait toute tracée d'avance, la mienne était plutôt imprévisible. Chez les gitans, le sens de la famille prend des proportions presque sacrées. Ainsi, quand un de mes frères s'est marié à 17 ans avec une femme dans la trentaine, le nouveau couple est venu s'installer à la maison. Johanne était une femme riche, très raffinée, intelligente et douée pour la voyance. Après quelques mois, elle nous a annoncé qu'elle attendait un bébé. J'étais émerveillée, et lorsque Steven est né je suis devenue sa seconde maman. J'en prenais soin jour et nuit. Sa vraie mère avait toutes sortes de difficultés, elle avalait des pilules sans arrêt. La situation s'aggravait de semaine en semaine. Un jour, elle est partie en laissant tout derrière elle, y compris le bébé. Évidemment, les Demitro ont gardé ce petit-fils presque cent pour cent gitan, et c'est moi qui l'ai élevé. Je n'allais plus jouer avec les jeunes de mon âge.

Entre les couches, les biberons, les siestes, je manquais de temps pour moi, tandis que les adultes, eux, vaquaient tous à leurs occupations. Sans que j'en aie conscience à ce moment, le poids des responsabilités s'alourdissait chaque jour sur mes jeunes épaules. On me tenait responsable de l'éducation des bébés de mes frères et sœurs, du berceau jusqu'à l'école.

Avec trois ou quatre bébés à garder, sans aucun répit, il m'est arrivé de faire preuve de violence gratuite, à l'exemple de Tâté. Quand je perdais patience, ma colère devenait une sorte de tempête : frustrée de ne pouvoir faire comme les jeunes de mon âge, je me vengeais sur les enfants. Leurs parents étaient toujours absents et personne ne m'a jamais demandé mon avis : on m'imposait cette tâche, alors que j'aurais voulu profiter de ma jeunesse.

Envers mes neveux et nièces, j'éprouvais un amour mêlé de haine. Lorsqu'ils sont retournés vivre dans leur famille respective, j'ai terriblement souffert de ce vide que leur départ laissait en moi et j'ai pleuré. Personne ne m'a jamais dit merci pour toutes ces années d'efforts. À leurs yeux, il n'y avait pas lieu de me remercier. Je leur devais bien ça, non ?

Lorsque mon frère et Johanne se sont réconciliés, ils ont repris Steven avec eux et j'en ai ressenti une peine terrible, très difficile à supporter. Le départ de cet enfant a ravivé ma propre peur d'être abandonnée.

Au cours des semaines qui ont suivi, Tâté a pris plaisir à m'humilier de toutes sortes de façons. Il agissait avec moi comme si j'étais son esclave et me ridiculisait. On aurait dit qu'il se vengeait de quelque chose…

« Va acheter de la mayonnaise et de la bière au dépanneur.
– D'accord. »

Évidemment, je ne choisissais jamais le bon format ou la bonne marque, alors il se mettait en colère.

« Tu vas retourner au dépanneur pour échanger tout ça. Et ne t'avise pas de te tromper encore une fois, sinon… »

Les jeunes de mon âge se moquaient de moi et le caissier aussi, lorsque je me présentais trois ou quatre fois de suite pour échanger les articles refusés par Tâté. Celui-ci me traitait comme une enfant, alors que, depuis des années, je prenais soin des bébés de mes frères et sœurs. On ne m'en témoignait aucune reconnaissance et je me sentais victime d'une injustice. Ainsi s'est déroulé mon passage dans l'adolescence, avec une peur constante des adultes et de leurs humeurs, et le sentiment d'être une mauvaise gitane qui ne respectait pas les règles.

S

Chapitre XII

Le sacrifice

« **P**ourquoi me trouvait-il belle ? Il serait encore vivant, peut-être… C'est un martyr. Comme les autres grands héros de l'histoire, morts pour une cause. »

Moi qui m'amusais parfois à attirer l'attention des hommes, me voilà prévenue. La leçon est terrifiante : quiconque défie l'autorité du chef, implacable et sans appel, doit se soumettre ou mourir. Seule dans ma chambre, je tremble en attendant que le roi des gitans pousse ma porte. Tâté est dans une colère folle, et il a bu… Je revois la scène qui vient de se dérouler en me demandant si tout n'est pas de ma faute.

Bien innocemment, Nick était arrivé à la fête avec ses parents. Comme tous les jeunes de son âge, il avait des passions : les autos, et moi… Nous sommes amis depuis longtemps et nous nous voyons à chaque rassemblement. Mais son père conteste l'autorité de Tâté au sein du village. Il y a eu des discussions animées au dernier conseil. Le malaise s'est accentué récemment. Peut-être y a-t-il un lien avec les agissements de ses fils… Les aînés font partie des gangs plus ou moins proches de la mafia. Ça joue dur dans les coins, comme dit Junior avec une pointe d'inquiétude dans les yeux. Est-ce le début d'une nouvelle guerre au sein du clan ?

Nick est trop jeune pour comprendre tout cela. Il est pacifique. C'est lui, le premier vrai ami que j'ai, un gars qui ne cherche pas à me dominer, ni à me posséder, ni à m'utiliser. Il est simple et joyeux. On parle beaucoup. Lui aussi, il voudrait avoir sa liberté et étudier pour devenir constructeur d'automobiles. Des Ferrari… Il se trouve que, dans la cour derrière la maison, il y a de vieilles et rutilantes voitures, volées et maquillées, qui attendent de trouver preneur. Fasciné, Nick rôde autour de ces trésors. Parfois il ouvre les portières et se glisse sur les sièges de velours.

* * *

Tâté traverse une période d'anxiété : le choc qui l'ébranle vient des frasques de mon frère Bobby qui a été arrêté à Lima, au Pérou, pour trafic de drogue. Lorsque mon père a reçu l'appel d'un avocat péruvien, il a tout raconté à Mamo, consterné. «Votre fils a peu de chances de sortir vivant de cette prison», a dit l'avocat. Les accusations pesaient lourd dans la balance. Le lendemain de cette terrible annonce, mes parents sont partis pour Lima en affirmant avec confiance : «Nous allons ramener notre fils ! »

Quelques jours plus tard, ils sont rentrés tous les trois, réservant leur joie, car cette mésaventure de Bobby leur avait coûté vingt-cinq mille dollars en pots-de-vin. Tâté a réussi à marchander la liberté de son fils, mais Bobby est revenu malade. Il tremble, est amaigri, ne mange plus. Mamo a dit que quelqu'un avait tenté de l'empoisonner en prison, de peur qu'il trahisse ses complices. Plusieurs fois depuis son retour, on a dû le faire transporter à l'hôpital en ambulance. Mamo s'inquiétait beaucoup. «Est-ce qu'il va mourir ? » lui ai-je demandé. Elle m'a répondu par un signe de croix, trop émue pour parler. Le médecin a décidé de l'envoyer dans un centre de repos pour qu'il refasse ses forces, loin de tout et de tous… Malgré cela, la communauté gitane, dit-on, faisait ses choux gras de cette tache noire au dossier des Demitro. Un bon gitan ne se fait jamais prendre.

Parmi les détracteurs virulents se trouvait le père de Nick. Estimant que le clan avait perdu sa crédibilité à la suite de cette affaire et que cela créait de graves perturbations dans les activités du groupe, il militait pour un changement de roi. Tant que Junior serait le chef, tous seraient soupçonnés de trafic de drogue, à l'étranger et ici.

Après une autre réunion, les hommes finissent par se calmer et Junior décide de donner une fête pour célébrer la trêve. Mais plusieurs hommes sont envieux de son argent et de son statut. La danse, la musique et l'alcool font que, ce soir-là, l'ambiance est lourde et les esprits s'échauffent.

* * *

Que s'est-il passé pendant la fête ? J'ose à peine croire que mon ami Nick a fait les frais de la révolte. C'était sans doute un accident, sinon, il faudrait découvrir qui avait avantage à sacrifier un jeune si intègre. Je ne vois vraiment pas pourquoi quelqu'un lui en aurait voulu.

Nick est sorti de la maison à l'insu de tous. C'est à ce moment-là que Tâté m'a demandé de chanter devant les invités, pour alléger l'ambiance, m'a-t-il dit. Un peu plus tard, on a entendu un bruit puissant venu de dehors. Une grosse explosion. La musique s'est arrêtée. Les hommes ont cessé de taper des mains. Je suis restée paralysée, sans comprendre ce qui se passait. Puis tout le monde s'est précipité dans la rue. L'auto de Junior avait explosé. Mamo a lancé un cri strident en arrachant son foulard.

« C'est un malheur ! Qui a fait ça ? Junior… C'était un piège… Tu serais mort demain, en partant au travail ! »

Blanc comme un drap, Tâté ne bougeait plus. C'est à lui qu'on voulait s'en prendre. Son auto avait été sabotée. Par qui ? La mafia ? Des *gadjés* ? Son propre clan ? Son rival pouvait-il être à l'origine d'un tel complot ? Y avait-il un lien avec l'histoire de Bobby au Pérou ?

Le sang de Tâté s'est figé dans ses veines, malgré tout l'alcool qu'il avait bu. Dans l'essaim de badauds, il y a eu un mouvement soudain. Puis des voix, celles des parents de Nick : « Nick ? Avez-vous vu Nick ?

– Il est allé voir les autos dans la cour, je pense, dis-je d'une voix tremblante. Il était avec moi avant que je chante... »

On se met à chercher Nick partout. Le père s'approche des débris de ferrailles, mû par une intuition terrifiante. Entre deux morceaux de tôle tordus par la déflagration, un lambeau de vêtement, puis une casquette effilochée. Il tombe à genoux, suppliant le ciel de lui ramener son fils. Nick a été déchiqueté parce qu'il se trouvait dans l'auto. Il a déclenché la charge d'explosifs en tournant le volant, pour s'amuser. La scène se précise dans ma tête... Il s'avance, caresse la carrosserie brillante de la Cadillac, et, désireux de simplement se mettre au volant, il ouvre la portière et monte à bord. Quelques secondes plus tard, tout explose.

Tout à coup, le père de Nick et Tâté se font face. Une haine indicible se dresse entre eux, comme un mur. Le groupe se scinde en deux. Les gitans ne savent plus quoi penser, qui suivre. L'explosion a fait voler en éclats la complicité amicale que tous croyaient inaltérable. Je la voyais grandir, de fête en fête, depuis mon enfance, cette solidarité gitane. Après ce jour, rien ne sera plus jamais pareil. La haine et la rancœur ont durci le cœur des hommes, meurtri celui des femmes, détruit la quiétude des enfants.

Réfugiée dans ma chambre, je pleure depuis des heures. J'espère que Mamo ou Tâté viendront me parler, me consoler. Lorsqu'ils ont regagné leur chambre, j'ai entendu leurs mots violents :

« C'est grave... Je suis un homme mort. Comment puis-je protéger mes enfants, le temps que la tempête passe ? Je devrais le tuer ! Il veut ma peau, *moudais rave lis*[20] ! Mais si je meurs à mon tour, a dit Tâté, le clan va s'entretuer. »

---

20. En manouche : Je vais le tuer.

Je ne savais pas contre qui Tâté devait nous protéger. J'avais moi aussi le cœur en mille morceaux.

Je ressens la peine qui monte en moi, mais aussi la révolte contre cette façon de mourir si jeune. Trop bête! Trop stupide! Mon meilleur ami n'est plus là. Je me demande pourquoi on ne peut pas vivre comme tout le monde, sans avoir à regarder derrière soi sans arrêt. « Je ne veux plus jamais que tu prononces son nom sous mon toit. Sinon, je te coupe la langue! » crie Tâté de sa voix grave, en me menaçant de ses doigts ornés de bagues garnies de diamants, capables de me défigurer.

Je baisse la tête, comme toujours quand il me gronde. Il ignore la peine qu'il me fait. Nick m'avait souvent dit: « Tu seras ma femme, toi! Tu es la plus belle gitane que j'aie jamais vue. Un jour, tu verras, toi et moi, on sera les rois du clan. Et on aura des enfants, et une belle Ferrari rouge… » Cette promesse s'est envolée avec lui.

Je l'aimais, Nick. Il a donné sa vie en sacrifice. Les pères n'auraient pas dû se quereller ce jour-là. Le pouvoir est une arme qui tue des innocents. Comme moi, Nick voulait être libre et vivre ses rêves. Il est mort. Le rouge de son sang ne goûte pas le rouge des sucreries de mon enfance. Je détesterai désormais le rouge. Mon cœur saigne aussi. Je ne pourrai plus jamais aimer de toute ma vie! C'est trop souffrant.

* * *

La guerre des familles faisait rage dans les coulisses et même les enfants y participaient sans le savoir. Ainsi, trois mois plus tard, mes parents m'ont fait promettre de ne jamais révéler ce qu'ils s'apprêtaient à me dire. Et j'ai juré.

« Tu as une chance de sauver notre famille. Mentir, quand c'est pour une bonne cause, n'est pas mal, tu sais… »

Le lendemain après-midi, lorsque je suis revenue de l'école, je savais quoi dire et quoi faire. À un carrefour se tenait

Mme Gagnon, la brigadière qui me connaissait depuis un certain temps déjà. Elle m'a saluée gentiment.

« Ça ne va pas ? Tu n'as pas l'air bien. Que se passe-t-il ?

– J'ai peur ! Mais j'ai juré de ne rien dire, lui ai-je répondu en éclatant en sanglots.

– À moi, tu peux tout dire. Qu'est-ce qui s'est passé ? Je vais t'aider et après tout ira mieux.

– Un monsieur m'a touchée à la sortie des classes, dans le parc à côté de l'école. Il m'a montré son sexe et m'a touché les fesses. J'ai crié et je me suis sauvée, mais il m'a fait très peur. En plus, je crois qu'il connaît mes parents, et j'ai peur qu'il s'en prenne à eux pour se venger.

– Connais-tu son nom ? Pourrais-tu nous le décrire ?

– Oui, bien sûr. Il faut qu'on l'arrête, car il pourrait attaquer des filles plus jeunes que moi. »

Je jouais l'innocente, mais je savais très bien que mes paroles auraient de graves conséquences pour la personne accusée… La direction de l'école a pris mes propos au sérieux et les policiers ont mené une enquête. Finalement, le père de Nick, qui voulait détruire la réputation de Tâté pour prendre sa place, a été arrêté pour avoir agressé une mineure. Il a purgé une peine de deux ans de prison pour un crime qu'il n'avait pas commis, et ensuite toute sa famille a disparu du paysage montréalais.

Le jour où il a appris cette condamnation, Tâté a pleuré, me remerciant de lui avoir prouvé que je lui étais fidèle. Avec ses grands yeux mouillés, il faisait pitié, mais il me regardait enfin avec une sorte d'amour mêlé de désespoir. Lui aussi, je crois, vivait avec la peur au ventre. J'aurais voulu l'entendre dire « Je t'aime, Dolly, ma fille ! », mais j'ai attendu en vain. En vérité, mentir ne voulait plus rien dire pour moi. Dans ma famille, il fallait accepter de vivre en prenant des risques.

Chapitre XIII

La trahison

« Combien t'a donné ce client ? » me demande Mamo en revenant de faire les courses.

Sans réfléchir, je choisis de mentir. N'est-ce pas ce qu'elle m'a enseigné ?

« Mille dollars. Il a dit que je suis la meilleure diseuse de bonne aventure au monde.

– Je savais que tu avais des dons. Garde cent dollars pour toi et je vais mettre le reste de côté », ajoute Mamo, fière de moi.

Je lui remets neuf billets de cent dollars sans hésitation. Elle ignore que l'homme qui vient de sortir, un riche propriétaire dans la cinquantaine, m'a en fait donné cinq mille dollars. Tout ce qu'elle m'a appris, Mamo, je sais maintenant le faire mieux qu'elle. J'ai d'abord dit à cet homme des vérités sur son passé, puis j'ai décrit son présent et, lorsque j'ai constaté que j'avais vu juste, j'ai su ce qu'il souhaitait : un avenir rempli de succès. Il était étonné, troublé chaque fois que je touchais l'un de ses points sensibles. Les lignes de sa main m'ont permis de le convaincre, en trois phrases bien tournées, que je lisais aussi clairement en lui que dans un livre ouvert.

« Tu vas rencontrer la femme de ta vie. Ici, tu vois, c'est le carrefour. Ton cœur va enfin se réveiller. Je vois la richesse et l'amour, en même temps. »

J'ai senti son trouble quand je lui ai dit que, pour en savoir plus, il devait remettre des billets sur la table. Mes consultations commencent par une révélation gratuite, puis, plus le client a soif de connaître ce qui l'attend, plus il est prêt à payer. Rasé de frais, la peau légèrement bronzée et les cheveux soignés, il sentait le bon parfum des hommes qui peuvent tout s'offrir. Il avait de la classe. Son regard trahissait cependant une grande tristesse. Plus il était malheureux, plus mon talent se déployait. Un client idéal !

« Pour une heure avec toi, je te donnerais la lune, ma belle », a-t-il murmuré en se penchant par-dessus la table qui nous séparait.

Je lui ai demandé de poser les mains sur la nappe de velours rouge. Il tremblait un peu. Ses yeux ne quittaient plus les miens.

« Que du beau… Ta vie va devenir un vrai roman ! Mais il y a une ombre : tu devras convaincre l'élue de ton cœur que tu es le plus charmant des hommes. Et le plus digne de confiance. Elle cherche un homme sûr ! »

Après plus de trente minutes de balivernes, il sort son portefeuille. Des billets bruns, des roses… Mais, dans sa poche droite, une autre liasse m'intéresse.

« Si tu veux en savoir plus sur ton avenir, il faut te montrer encore plus généreux… Je dois me concentrer si fort… J'ai besoin de connaître ta date de naissance. Mes chandelles d'avenir coûtent cinq cents dollars chacune. Pour découvrir le bonheur, c'est le prix à payer… »

J'ai pris les cinq billets roses et les ai cachés dans mon soutien-gorge, comme Mamo le faisait d'un geste rapide. Ce faisant, je pouvais mesurer le pouvoir de séduction de la cartomancie, car mes yeux restaient magnétiquement plongés dans ceux de mon client. Je pouvais voir grandir son désir de savoir, son besoin d'être rassuré. Il quémandait un peu d'espoir, comme tous les gens vulnérables, surtout lorsqu'ils croient que le bonheur peut apparaître comme par magie. Alors, il me supplie de lui fixer un autre rendez-vous… avec le bonheur qu'il cherche, plus qu'avec moi, en fait.

« Je veux… Comment conquérir la femme dont vous avez parlé ? J'aimerais le savoir tout de suite !

– Ma mère va rentrer dans une minute. Si elle vous trouve ici, elle sera en colère. Jeudi… Je vous rappelle. Écrivez votre numéro sur ce papier. »

Avec tout mon argent, je peux aller au centre commercial. J'adore m'acheter des vêtements, des souliers, du maquillage… Tout ce qui m'est interdit, en somme, par les règles de bonne conduite du clan. Je souffre un peu de cette image misérable que Mamo m'impose. Déguisée en pauvre diseuse de bonne aventure, sous l'emprise de Mamo qui me rappelle sans cesse que je dois faire pitié pour réussir mes meilleurs coups, et réprimandée par Tâté parce que je deviens trop belle, je voudrais crier mon besoin de liberté ! Malgré tout, mon talent fait son œuvre. La preuve, c'est que je mens souvent, aux clients comme à ma famille, et tout le monde me croit toujours.

Ma coquetterie est un trait que je dois cacher le plus souvent. J'aime la mode, les robes flamboyantes, les bijoux. Mon rôle de pauvresse me conduira-t-il à la richesse ? À quoi bon avoir de l'argent, si on n'en profite jamais ?

Du haut de mes quatorze ans, je regarde déjà les hommes avec assurance. Je m'amuse à les mener par le bout du nez. Cela, Mamo ne le sait pas. Je suis sans doute la plus cruelle des séductrices. Et je me rends compte que c'est plus facile quand l'argent est entre mes mains : il me coule entre les doigts et ça m'amuse. Depuis l'explosion de la Cadillac, je ne vais plus à l'école. Mon père m'a fait comprendre que c'est trop dangereux de m'exposer à de possibles représailles. La guerre au sein du clan et les mauvaises fréquentations de mes frères ont fait de notre maison une véritable forteresse. Je ne sors plus qu'en taxi, en scrutant bien les alentours, ou bien je suis escortée par mes frères.

Tâté est plus intransigeant que jamais. Je dois porter le costume gitan à la maison, respecter les règlements et rapporter de l'argent en me soumettant à son approbation tatillonne et rétrograde. En plus, il m'est interdit de découcher. Je ne peux même pas aller dormir chez mes sœurs ! Pourtant je sens grandir mon besoin d'intimité, mon intérêt pour les garçons. Je veux sortir et vivre ma vie. Mais mes parents surveillent tout… Je veux m'éclater, m'amuser, fêter, et le centre-ville est si près !

Alors, certains soirs, je mets un Valium (et du sucre pour tuer le goût) dans la tasse de thé de Tâté. Il s'endort et, si Mamo est occupée avec un client, je peux m'échapper par la fenêtre de l'étage. Personne ne s'en aperçoit.

Parfois, les après-midi tranquilles, Jade et moi allons faire du lèche-vitrine. J'ai découvert que j'ai du talent pour le dessin. Au retour, je passe des heures avec Jade à esquisser des vêtements. Quand je pense que, depuis que j'ai neuf ans, je n'ai pas le droit de porter des pantalons ou des shorts, alors que les vêtements seyants m'attirent ! Moi aussi, j'aimerais mettre en valeur mes formes et porter les tenues à la mode qui me font envie. Alors je me cache pour exprimer ce côté de ma personnalité d'adolescente.

Jade est encore potelée, et son caractère capricieux me déplaît parfois. Couvée par Tâté, elle quémande tout le temps. Si on lui refuse quelque chose, elle se fâche et va se plaindre à son père. Quand nous dessinons ensemble des modèles de robes et de toutes sortes de vêtements, je l'observe et je m'étonne sans cesse des grandes différences qu'il y a entre nous. Sait-elle que je ne suis pas sa vraie sœur ? Nous n'en avons jamais parlé. Si elle le savait, serait-elle encore jalouse de moi ? Moins méchante, peut-être… Je la regarde comme une amie, la seule qui a presque mon âge, cette tante avec qui j'ai partagé toute mon enfance. Je trouve de nouvelles façons d'exprimer ma créativité, et c'est souvent en me comparant à Jade que j'arrive à faire valoir mes talents. Ma fierté m'apporte une confiance qui me fait du bien. Ainsi, je travaille avec passion à mes dessins.

La couturière de la famille s'appelle Mme Vachon et elle a une boutique dans la rue Beaubien. Je lui ai apporté mes premiers modèles et elle a commencé à confectionner des vêtements sur mesure pour nous. Un jour, j'ai conçu un deux-pièces super sexy qui devait être tout en cuir. Mon croquis était unique au monde. C'est le vêtement dont je suis le plus fière. Quand je l'ai porté, les hommes se retournaient sur mon passage. Quelques mois plus tard, dans une boutique très chic, j'ai vu exactement le même. J'étais ahurie. Furieuse, aussi. J'ai appris par la vendeuse que Mme Vachon, avec qui cette boutique faisait aussi des affaires, s'était approprié mes idées sans le moindre scrupule.

J'avais démasqué la tricheuse. Je n'ai plus jamais fait affaire avec elle. Ma confiance avait été trahie et cette découverte m'a rendue amère : à quoi bon créer, donner le meilleur de soi-même si les autres ont le droit de piller, de copier, de s'approprier mes œuvres ? La colère qui s'installa alors en moi devint révolte. J'ai renoncé à dessiner ; je ne faisais plus confiance à personne. Les gens me complimentaient pour mieux me déposséder. Les éloges étaient des pièges ; les flatteries, des mensonges. Je bloquais mes émotions en devenant une consommatrice impulsive et en me payant tout ce qui me faisait envie. L'argent achète tout, même les honnêtes gens. Après les bonbons que je convoitais enfant sans pouvoir m'arrêter, je me payais maintenant de grandes virées dans les magasins. Je devenais une consommatrice compulsive. Les meilleures boutiques m'ouvraient leurs portes et mon plus grand plaisir était d'en sortir avec des dizaines de sacs.

Finie l'époque où je ne portais pas de chaussettes dans mes souliers usés, où je n'avais pas plus d'une paire de petites culottes dans mon tiroir. Désormais, la lingerie fine me fascinait et entretenait l'illusion que je pouvais séduire n'importe quel homme. Sous le plaisir de posséder enfin toutes les choses qui me faisaient envie se cachait cette peur de ne pas être aimée. Pour me prouver que j'existais, j'ai développé la méthode *life saver…* On me surnommait ainsi, car j'étais toujours prête à sortir les autres du pétrin. J'avais choisi de sauver les autres avant de me sauver moi-même. Je pensais qu'en aidant autrui, je mériterais l'attention et l'affection qui m'avaient toujours manqué. Une pensée m'obsédait depuis longtemps, celle d'être très différente de mes frères et sœurs, par ma sensibilité artistique qui me rendait fière. Mais, comme je voyais rarement ma vraie mère, je n'osais associer ce trait de personnalité à mes origines. Je voulais faire ma place, être aimée, mais je n'arrivais pas à m'aimer. Suzanne était tout de même une grande source d'inspiration pour moi, parce que, grâce à elle, je pouvais rêver de devenir une actrice, un mannequin ou une chanteuse.

Mes sorties clandestines sont devenues une habitude presque compulsive. Je comblais mon grand besoin de liberté en passant mes soirées à danser et à consommer de la drogue et de l'alcool. Mon indépendance financière me rendait audacieuse, provocante, tyrannique. Les gars ne m'impressionnaient pas : je marchais la tête haute pour montrer à tous qu'une femme émancipée peut tout se permettre. Évidemment, je cachais mon âge réel et je regardais toujours de tous côtés, autour de moi, à l'affût du danger. Le péril me plaisait autant qu'il m'effrayait. J'éprouvais un sentiment d'ivresse à faire des choses interdites par ma famille. L'adolescence battait son plein en moi. Mais je cherchais ma personnalité sur le mauvais chemin.

J'ai remplacé les bonbons de mon enfance par de la drogue, sans me rendre compte de ma dépendance. Je l'achetais ici et là, dans les parcs ou les ruelles. Si mes parents posaient des questions, je leur mentais. Du moment que la consigne était respectée : ne jamais découcher, au risque de subir une sévère punition. Jade m'accompagnait tout le temps, pour s'assurer que je rentrerais bien à l'heure convenue.

Sans que jamais il n'en fût question ouvertement, la présence de Suzanne dans ma vie a changé mes rapports avec la famille Demitro. Je la voyais de temps en temps, elle s'intéressait à moi, me témoignait son affection. Grâce à elle, mes aspirations artistiques ont pris de plus en plus de place dans ma vie. C'est l'une des personnes que je respectais le plus. Je ne voulais pas lui faire de peine ni la décevoir.

Évidemment, elle ne savait pas que je menais cette drôle de vie. J'étais soumise en apparence chez les gitans, car la peur d'être exclue du groupe me faisait encore faire mes pires cauchemars. Après la fin tragique de Nick, je n'ai cessé de craindre la mort, comme si elle était toujours postée dans un coin, m'attendant pour me saisir. Le jour, j'étais, une fille obéissante, mais, le soir venu, je devenais une adolescente délurée qui voulait s'amuser, danser, faire la fête. Puis, en poussant la porte de la maison de Suzanne, je redevenais une jeune fille bien qui rêvait d'être une artiste, une comédienne, une dessinatrice de mode, une chanteuse populaire – tout ce qui aurait pu combler ce grand vide au fond de moi.

Le regard de Suzanne me permettait de croire en moi, en mes talents, de penser que des milliers de gens, un jour, me regarderaient avec amour et admiration. J'aimais chanter pour elle… J'aurais voulu suivre ses traces, devenir mannequin, être connue mondialement. Ma vraie mère m'inspirait. Elle est devenue progressivement une amie. Suzy avait une telle confiance en moi… Elle suivait la mode et j'enviais sa liberté. Je lui parlais beaucoup de ce qui me touchait, de mes rêves de gloire, mais pourtant elle ne savait pas tout de moi. Mon petit côté rebelle lui échappait.

Ainsi, ce que je craignais s'est produit… Un jour, par hasard, elle a fini par découvrir la partie plus sombre de ma personnalité.

Il est minuit et le bar le plus réputé de la ville est bondé. Dans ma robe cintrée à la taille, au décolleté provocant, je marche comme au ralenti vers la piste de danse. Le regard des hommes me rend aérienne. Mes premiers déhanchements suivent le rythme de la musique et je laisse les vibrations me parcourir. J'adore danser les paupières closes, avec la musique qui entre en moi… deviner le regard des hommes sur mon corps. J'ai tellement besoin de cette attention qui m'a manqué depuis l'enfance. C'est une seconde nature, chez moi, que de vouloir séduire. Dans la discothèque, cette sensation planante d'exister m'enivre. La musique me possède.

Soudain, je sens un courant d'air, comme si le vent froid me saisissait. L'ambiance magique se dissipe et j'ouvre les yeux... Il y a un mouvement dans la foule. Que se passe-t-il ? Les danseurs s'écartent et Suzanne apparaît. Elle fonce sur moi, furieuse.

« Qu'est-ce que tu fais ici ? Tu n'as que quatorze ans ! Tu devrais avoir honte ! Prends tes affaires, on s'en va ! »

Je lis dans ses yeux une colère immense. Dans le taxi, sa réprimande tourne aux larmes. Elle pleure. De honte, d'abord, devant ma conduite, puis parce que je la déçois profondément. J'ai menti à tout le monde, je sors sans surveillance, je ne mesure pas mon inconscience. Ses arguments se logent dans mon cœur comme des couteaux.

« Pania... Ce n'est pas ta place ! Tu es sur une mauvaise pente. Il ne faut pas jouer avec le feu, tu m'entends ? Tu es trop jeune pour gâcher ta vie ! Je croyais en toi... »

Je voudrais appeler au secours, crier ma détresse. Suzanne me prend la main, caresse mes doigts tout doucement. Je réagis mal, car je n'ai pas l'habitude d'être touchée. Je retire ma main, croise les bras, me replie, pour ne pas montrer mon émotion. J'ai l'impression que la seule personne qui me faisait aveuglément confiance vient de me tourner le dos. Je l'ai déçue, trahie... Il n'y a plus que du noir autour de moi. J'ai peur de ce que je pourrais devenir. Elle veut me prendre dans ses bras. Je reste de glace. « Je t'aime tant ! » me dit-elle en donnant au chauffeur l'adresse de mes parents.

Finalement, seule la peur de Tâté m'a fait ouvrir la bouche.

« Ne dis rien à personne, je t'en prie, Suzanne. Je ne voudrais pas être punie. J'ai si honte ! Les gitans vont m'en vouloir pour le reste de ma vie. Je jure que je ne le ferai plus... Je vais être sage. Fais-moi confiance, je t'en supplie ! »

Chapitre XIV
L'enfer

D'un claquement de doigts, la destinée me faisait constamment passer du plaisir euphorique à la tristesse. Je l'ai ressenti d'une façon brutale lorsque mon grand-père, un matin, ne s'est pas réveillé. Ce deuil a fait surgir une foule d'émotions refoulées, de mon côté comme chez mes sœurs.

« Je fais tout pour qu'on m'aime, j'obéis et j'apprends de mon mieux. Mais j'ai mal depuis longtemps. Le besoin d'amour est comme une faim qui ne s'apaise jamais. Mon objectif, ma bouée de sauvetage, c'est l'appréciation des autres. Mais personne ne m'aime. Moi-même, je ne m'aime pas… Maintenant que Papo est mort, je me sens comme une orpheline, une enfant abandonnée, dis-je en regardant au loin, suspendue dans le vide entre mon passé et mon futur.

– Moi, je vais cracher sur sa tombe ! crie ma sœur Sofia, remplie d'une rancœur qui me touche. Ce vieux pervers m'a volé mon enfance !

– Je te comprends, mais je n'arrive pas encore à le détester. Je me souviens que tu as bien essayé de me protéger de lui, mais tout le monde fermait les yeux… Est-ce que Mamo savait ce qu'il nous faisait ? Chaque fois qu'elle nous demandait de lui rendre visite, elle se rendait complice. Pourquoi ? Le sais-tu ?

– Je pense qu'elle le savait, répond Sofia avec rage. Elle avait trop peur pour parler. Les femmes de la famille n'ont pas de pouvoir, elles sont dépendantes des hommes. Elles doivent se soumettre. Ils sont si macho ! Ils ont tous les droits, ils contrôlent tout, même la liberté de penser. Moi, j'étouffe dans cette prison où les enfants sont des jouets. Est-ce que je pourrai un jour échapper à ce destin ? »

À cette époque, ma grande sœur avait déjà des prétendants désireux de l'épouser. Mais j'ai entendu Junior la rabrouer, un jour, en affirmant que c'était lui, et lui seul, qui déciderait de son mariage. Moi, au moins, je me sentais choyée de ne pas avoir été donnée en mariage à quinze ans, parce que, souvent, le mariage est le meilleur moyen d'empêcher l'émancipation des filles. Mes sœurs Odette et Lynda n'avaient pas eu cette chance.

Pour épouser une des filles de Junior, un homme devait venir d'une famille gitane, irréprochable et riche. Au fil des ans, la notoriété des Demitro a grandi, symbolisée par l'acquisition d'une maison cossue dans le quartier Ahuntsic et par le succès de leurs entreprises. Mes frères vivaient dangereusement, échafaudaient des combines et se retrouvaient souvent dans des situations compromettantes, illégales. Moi, j'avais pris mes distances. Je gagnais beaucoup d'argent et, si j'en manquais, je fouillais dans les cachettes de Mamo. Le vrai pouvoir, je le tenais dans mon sac à main et je croyais pouvoir tout acheter.

Je vivais de plus en plus dans mon monde. À cette époque, j'aimais piquer la voiture de mon père, me rendre au centre-ville en cachette et m'éclater. Je faisais monter mes amis et nous partions pour une tournée des bars branchés. Mon unique façon d'exister passait par le plaisir. Après la soirée, il s'en trouvait toujours un de moins givré que les autres pour ramener la voiture, mais il ne la garait pas toujours au bon endroit, ce qui faisait rager Tâté.

« Maudite sorcière ! Tu m'as encore joué dans le dos ! Tu vas finir en taule, comme tes frères. »

Le doute le rendait furieux. Sa pensée avait le mérite d'être claire : les femmes ne valaient presque rien pour lui. Seuls les hommes détenaient le pouvoir et l'argent. Mais que serait-il devenu sans Mamo, cet homme vaniteux, dépensier et ivrogne ? Sa supériorité n'était qu'une façade. Tâté, un géant aux pieds d'argile.

Mais j'étais tellement attachée à la famille, quoi que je fasse pour m'en éloigner. J'aurais aimé échapper à l'obligation d'assister aux funérailles de Papo. J'y ai pensé. Me sauver, peut-être ? Puis je me suis efforcée d'agir comme devait le faire une bonne gitane. Car Junior ne m'aurait jamais pardonné cet affront.

J'étais présente au grand rituel de la mort, oui, tenant le rôle que les gitans m'avaient toujours imposé. Le cercueil était installé dans le salon. C'était la maison où j'habitais, du plus loin que je me rappelais... Mes premiers souvenirs remontent à mes quatre ans ! La porte de la chambre de mon grand-père était fermée maintenant, et il ne m'y attirait plus avec ses suçons empoisonnés. Je devinais que le petit banc et le pot de verre rempli de bonbons n'avaient pas bougé. De combien de fillettes avait-il abusé grâce à ce piège ? J'ai touché la main de Papo, froide et figée. J'ai eu mal au cœur. Je l'aimais et je le détestais à la fois. C'était un voleur, comme tous les gitans ; il m'avait volé une partie de mon âme d'enfant. Impardonnable larcin ! Son poison m'habitait toujours...

Pourtant, il m'avait aussi enseigné mes origines. Son regard s'allumait quand je lui demandais de me parler de son enfance. Il m'avait dit que notre peuple figurait dans la Bible. Sa voix vibrait quand il évoquait les treize tribus qui s'étaient enfuies d'Égypte en direction de Jérusalem, mais les gitans se seraient perdus en chemin.

« Depuis ce jour, ma Dolly, les Roms n'ont pas de pays. Nous appartenons à l'univers et l'univers n'a pas de frontières. Partout dans le monde, nous pouvons vivre et être chez nous. »

Lui était né en Russie. Il me racontait des pages de son histoire avec un sentiment d'injustice qui s'enracinait en moi. Mon grand-père avait entendu parler de cette terre nouvelle, l'Amérique. C'était un lettré, et l'un des rares gitans à posséder une bibliothèque garnie de livres écrits en plusieurs langues. Il m'avait montré des ouvrages qu'il avait annotés à la main. Il m'en lisait parfois des passages.

À son arrivée au Canada, il avait changé son nom de Demitrov pour Demitro. Pour ne pas qu'on envoie les garçons à la guerre, on avait aussi changé leurs dates de naissance. Sa famille comptait neuf enfants et il se rappelait ces moments difficiles : « On mourait de faim, de froid, de peur. N'oublie jamais, ma petite poupée, que tu es notre avenir », disait-il en laissant couler de grosses larmes.

Je pleurais sa légende d'exilé et d'opprimé, plus que l'homme que j'avais côtoyé dans son vieil âge. Une sorte d'amour-haine m'empêchait de le juger aussi sévèrement que le faisait ma sœur.

Pendant trois jours et trois nuits, j'ai porté la jupe traditionnelle qui cachait mes genoux et mon foulard noué derrière la nuque en l'honneur de cet ancien chef de clan. Les femmes devaient cacher leurs cheveux, retirer tous leurs bijoux, s'abstenir de mâcher de la gomme. Mâcher un chewing-gum aurait équivalu à écraser le corps du défunt entre nos dents.

Chacun de nous se rappelait un morceau de sa vie. Grand-père était une source de fierté pour le clan : le premier écrivain ! Il avait écrit le seul dictionnaire anglais-manouche jamais publié. Pour cela, tout le monde le respectait, même au-delà de la famille. De nombreux étrangers sont aussi venus lui dire adieu, manger et boire avec nous. La tradition du deuil est lourde chez les gitans. Je vivais cela pour la première fois dans ma propre famille, et cela me touchait beaucoup.

On ne pouvait pas se laver durant trois jours ; ça fait partie du rituel de deuil gitan. Afin que son esprit retourne à Dieu, il fallait honorer la mémoire du défunt et laisser une chandelle allumée pour veiller sur lui. Nous étions tous habillés de noir. Les chants et les danses révélaient une grande émotion plutôt que l'effervescence habituelle. J'ai vu Tâté pleurer pour la première fois de ma vie. J'étais très émue de le voir essuyer ses larmes. Il avait donc un cœur ? Son autorité me dissimulait l'homme qu'il était. Ce qui me peinait encore plus, c'était le regard froid qu'il posait toujours sur moi. M'avait-il déjà regardée avec affection ?

« Malgré son air détaché, il s'inquiète pour toi », m'avait dit Mamo. Il pensait que j'étais devenue suicidaire, déprimée ; mais que je reviendrais sous son aile protectrice quand mon adolescence rebelle serait terminée. Il était tellement préoccupé par ses affaires et par les problèmes causés par ses garçons que je n'avais plus rien à craindre de ses colères. J'avais pris depuis quelques mois une route différente, celle de la rue, où mes amis punks étaient devenus ma nouvelle famille. Les mauvaises fréquentations de Danny et de Bobby me servaient souvent d'alibi, d'ailleurs, car je devais camoufler mes escapades. Je rentrais me coucher en cachette au lever du jour et, vers midi, je reprenais peu à peu mes esprits. Je disais la bonne aventure pendant quelques heures afin d'avoir assez d'argent pour faire la fête le soir venu. J'ai erré ainsi pendant des mois. J'ai mendié au coin des rues, vêtue de noir, avec mes chaînes et mes bottes lacées à hauts talons. Je faisais semblant d'être fauchée, mais en réalité j'avais beaucoup d'argent. Pour avoir des amis, pour faire partie de la bande, je devais jouer le jeu et mendier sous le regard dédaigneux des policiers. Tromper les apparences faisait partie du jeu de pouvoir entre les clans. Plusieurs fois, j'ai eu maille à partir avec des agents à la conduite assez trouble. Mon côté rebelle attirait l'attention, surtout quand je refusais de me laisser intimider.

C'est ainsi que je me suis retrouvée en prison pour la première fois. J'étais comme une panthère prête à tuer pour retrouver sa liberté. J'ai tellement hurlé et pleuré pour qu'on me libère que ma voix a fini par se casser, alors que je m'écroulais au sol, à demi évanouie. Quand on m'a interrogée, on m'a appris qu'une dame du Plateau Mont-Royal avait porté plainte contre moi. J'étais accusée d'escroquerie. Je lui avais prédit l'avenir, mais elle soutenait que je lui avais soutiré frauduleusement son argent. Quoi qu'il en soit, en cet instant, c'est mon avenir que je devais défendre. J'ai fini par appeler mon père et il a engagé le meilleur avocat. Ce dernier m'a conseillé de plaider coupable. De quoi ? J'avais pratiqué la sorcellerie… et c'était illégal !

À ma sortie de prison, je faisais encore la rebelle, et c'est chez mon frère Ritchie que je me suis retrouvée. Tâté lui avait ordonné de me surveiller jour et nuit. Mais je n'avais pas l'intention de me laisser traiter comme une enfant. Surtout que je savais qu'il était mon vrai père et qu'il m'avait reniée. Malgré tout, je me prenais parfois à espérer qu'il me donnerait un jour un peu de cet amour qu'un père doit ressentir pour son enfant. Mais il me regardait avec mépris : il détestait mon look, mes cheveux bleu-noir, mes lèvres rouges qui tranchaient sur mon teint blanc. J'étais aussi punk qu'il était gitan. J'ironise, mais mon cœur fondait devant lui.

« Je ne veux pas que tu deviennes une *kourva*, me lança-t-il au visage. Et va te changer. Sous mon toit, tu vas porter la jupe et te comporter comme une Demitro. Sinon…

– Ça va… Je ne le ferai plus… »

Sa mâchoire s'était crispée plus que d'habitude. Il avait scruté mon regard noir sans rien dire. Il était si fier, trop pour trahir ses émotions. Maintenant, il savait que je savais… J'ai eu recours à une autre stratégie, plus choquante.

« Tu peux bien jouer au bon père de famille ! Quand j'avais besoin de toi, tu n'étais pas là. Alors, n'essaie pas de jouer au père parfait aujourd'hui. C'est trop tard !

– Tiens ta langue ! Le passé est mort et enterré. J'aimais mieux ton côté *life saver*… Tu as fait la bonne fille quand Carole a été malade il y a deux ans. C'était avant que tu deviennes une petite garce. Oublie le mot "papa". Si jamais tu parles, je te bats, tu m'entends !

– Tout ce que je voulais, et Suzanne aussi, c'était un peu d'amour. Mais tu n'en as que pour toi-même ! Égoïste ! Tu as pensé à moi, ou juste à t'amuser un soir ? T'as pas de leçons à me donner. »

Je suis restée deux mois chez lui, parce que je devais avoir un domicile fixe, le temps que la cause soit entendue à la cour. Évidemment, je ne pouvais dire la bonne aventure pour gagner ma vie. Trop illégal ! Je léchais mes plaies comme un animal blessé. Je n'avais qu'une idée en tête : me sauver à la première occasion.

Le soir de l'Halloween, mes vêtements punks semblaient tout à fait appropriés. Je me suis rendue au Club 1234 pour y faire le *party*. Ted Tablas était là, la grande vedette de la chanson. Il lançait un disque et toute la jet-set l'adulait. Il m'a vue. Mon regard le dévorait littéralement. Je retrouvais mon désir insatiable de séduire. Il était fasciné par mon personnage diabolique, me regardait danser, tandis que je m'amusais à le magnétiser. La foule qui se démenait autour de nous a disparu ; il n'y avait plus que lui dans ma tête. Il s'est approché. M'a prise par le bras.

« Comment t'appelles-tu ? me glissa-t-il à l'oreille. Tu me fais de l'effet…

– Gypsy.

– Viens avec moi. Je t'emmène au paradis, *baby* ! »

Le seul baiser qu'on a échangé était si passionné et sensuel qu'il m'a fait fondre. Dans les toilettes des dames, il a fermé et verrouillé la porte. Je croyais qu'il allait me prendre… Je l'ai vu dans le miroir me préparer une ligne de coke. Je n'en avais jamais pris. L'intensité de cette minute m'a brûlé les veines pendant des mois, des années. Je suis restée accrochée à ce *high* et lui m'a regardée en riant. Je ne l'ai jamais revu de ma vie.

Ma mémoire s'estompe graduellement à partir de cette nuit-là. Je m'enfonce. Je reviens passer mes nuits chez Mamo mais, le plus souvent, c'est pour sauver la face et éviter des affrontements. La maison est presque toujours déserte et triste ; il n'y a plus de fêtes comme avant. Junior est tombé malade.

J'ai bien vu qu'il tremble un peu quand il se verse du cognac. Ses cheveux ont blanchi, comme ses sourcils épais, presque tout blancs maintenant. Mais je m'en fous… Il n'est que mon grand-père, après tout. « Il ne t'a jamais aimée » est une phrase qui tourne sans arrêt dans ma tête. J'ai même déjà souhaité sa mort, tellement je lui en voulais. Chaque fois que je le regarde, je tente de me convaincre que je le hais, mais je me mens en faisant semblant d'être indifférente à ce qu'il vit. Je suis touchée plus profondément que je ne le crois. Les jours passent. Même si je l'étouffe de toutes les façons possibles, la blessure se ravive, refuse de se cicatriser. Nostalgique, je regrette mon enfance et je mesure tout ce qui m'a manqué. Et la vie des adultes me répugne.

« Mes frères jouent à des jeux dangereux. Ce sont des caïds de la drogue à présent. C'est ça qu'il voulait, le roi, non ? dis-je à Mamo un soir.

– Junior sent les choses qui tournent mal. Il voit bien que son temps achève. Il a peur », me répond-elle en regardant dans le vide.

Peu après, le silence qui s'était installé entre nous est brisé par la sonnerie du téléphone. Je décroche. C'est Junior. Il est allé voir ses chevaux à Blue Bonnets. Sa voix et sa respiration ne sont pas comme d'habitude.

« Vite, passe-moi ta mère ! »

Elle prend le combiné. Son teint passe au blanc, elle met une main sur son cœur, puis devient toute rouge. J'entends Tâté qui hurle au bout du fil.

« Prends tout l'argent dans l'oreiller et mets-le dans un sac brun avec les bijoux. Ils vont me tuer. Sur la galerie. C'est sérieux. Devant la porte. Vite ! »

Il raccroche brusquement et la sueur perle sur le front d'Anita.

« Mon père ne mourra pas, dis-je en lui prenant le bras. Viens… »

Sous le matelas, dans le grand bocal, sur la commode, nous récupérons billets et bijoux, jusqu'à ce que Mamo juge que c'est assez.

« On ne va quand même pas tout leur donner. Il faut penser à demain ! dit-elle en refermant la taie d'oreiller. J'y vais, maintenant. »

J'ai tellement peur de perdre mon père que je me rends à la salle de bains, en état de panique. Je prends mes cheveux à pleines mains, face au miroir, et je tire dessus en pleurant : « Non, personne ne touchera à un cheveu de mon Tâté ! »

Ma mère n'a pas le choix. C'est en tremblant qu'elle entrouvre la porte. Le sac tombe sur le ciment avec un bruit métallique. Elle referme aussitôt. Ensuite elle téléphone à mon frère Danny. Ses doigts tremblent, elle se hâte.

« Ils ont ton père… Il faut venir à la maison. Attention à toi ! Ils sont tout près… »

Elle raccroche et se laisse glisser par terre contre le mur, les mains jointes.

« Pourquoi ? Qui lui en veut à ce point ? lui demandé-je.

– C'est le gang de Pépé ou bien la mafia grecque. Ou la vengeance des amis de Bobby. Je ne sais pas. Ton frère a couillonné son copain pour trente-cinq mille dollars la semaine passée. J'ai bien peur que ce soit la fin… Seul Dieu peut nous sauver, Dolly. Prie !

– Qu'est-ce que Danny peut faire ?

– Un miracle… Il tient nos vies entre ses mains. »

L'horloge laisse tomber lourdement ses minutes. Je me souviens alors que Tâté m'avait un jour donné un numéro, en cas de problème. Je le retrouve dans mon carnet et j'appelle. « Junior est en danger », dis-je à voix basse. L'interlocuteur raccroche sans rien dire.

Mamo prie toujours, sans bouger. Elle tremble de tous ses membres. Pour la première fois de ma vie, je me mets à parler à Dieu : « Sauve Tâté… Je l'aime trop pour le voir mourir ! »

Trente minutes plus tard, il y a eu des bruits dehors. Ma mère n'a pas osé regarder par la fenêtre, de peur d'être vue à travers les rideaux. Moi, j'ai jeté un œil. Trois gars ont traversé la rue en direction de la maison. Tâté était encadré par Bobby et Danny. Je suis allée leur ouvrir la porte. L'oreiller n'était plus sur la galerie. Mon père avait le teint plus blanc que la neige et il marchait avec peine. Ils sont entrés en silence.

« Dieu m'a exaucée… Tu es vivant… », a murmuré Mamo à travers ses larmes.

J'avais le cœur en bouillie, moi aussi. «Nous devrions tous mener une meilleure vie, me suis-je dit. Cette vie-là, c'est un véritable enfer!»

Chez les gitans, personne ne pardonne, jamais. Alors on ne sait pas quand l'ami d'hier, le frère de sang, va se rebeller, devenir un traître, vous planter un couteau dans le dos.

J'ai insisté pour qu'ils dorment un peu et j'ai promis de veiller sur eux cette nuit-là. Tâté a pleuré, sans savoir que je le voyais… Je suis encore émue aujourd'hui de l'avoir vu si faible devant la mort.

«Dormir… Quand on ne sait pas ce qui peut arriver à l'un de nos enfants, c'est un luxe qu'on ne peut plus s'offrir. On ne ferme qu'un œil et on sursaute à chaque craquement. Les Demitro sont des cibles, à présent! C'est la mort en sursis», a laissé tomber Mamo.

Je connaissais cette peur-là: elle m'habitait depuis l'enfance. Comment la combattre autrement qu'en faisant circuler dans mes veines cette illusion de sécurité que j'avais découverte récemment? Mon remède s'appelait la cocaïne; elle me soustrayait pendant des heures à cette angoisse. Je me laissais porter par l'euphorie, dérivant dans un monde où les adultes savent détecter les faiblesses et en tirer profit. Le cercle de ma dépendance se formait: je travaillais pour me payer ma dose et, l'effet passé, je redoublais d'efforts pour pouvoir m'offrir la suivante.

Une seule chose me consolait: j'avais conservé ma liberté, alors que, quand elles avaient mon âge, mes sœurs Lynda et Odette étaient mariées et déjà mères. Marier les jeunes filles à l'adolescence était une bonne affaire pour les parents, qui monnayaient cette alliance avec des familles aisées du clan élargi. J'avais développé mon talent pour dire la bonne aventure, ce qui me permettait de survivre. Je glissais sur la pente des mauvaises fréquentations, habitée par cette illusion d'exister enfin, sans prêter attention à mon mal-être.

Chapitre XV
L'illusion

Peu après cette terrible frayeur avec Tâté, l'aventure artistique dont je rêvais depuis longtemps est devenue de plus en plus accessible, à mesure que j'osais fréquenter des gens riches et célèbres.

« Avec un tel magnétisme, tu vas crever l'écran, me dit le metteur en scène, un Italien fraîchement débarqué de Toronto. Veux-tu passer l'audition ? »

Je le connais vaguement, par un ami qui lui a parlé de moi, alors je crois de toutes mes forces qu'il va m'offrir la chance de ma vie.

« Enlève ton chandail doucement, imagine qu'il y a une musique d'ambiance et qu'il fait presque nuit...

– Je ne veux pas faire ça, dis-je en me braquant.

– C'est un test. Avance lentement vers la lumière tamisée de la lampe, comme si tu retrouvais ton amant. Tu le regardes avec intensité, pour l'amener à faire tes quatre volontés... Je veux voir si tu peux jouer une scène un peu animale. Action ! »

Il me cadre avec ses deux mains qui forment l'objectif d'une caméra imaginaire. Il m'explique qu'il cherche une comédienne pour un film d'amour. Seulement trois semaines de tournage, pas plus.

« Je vais t'appeler pour l'audition. Tu as tout ce qu'il faut... Il faut maintenant que tu lises le scénario. »

Je voudrais bien jouer dans ce film. Mais je n'avais jamais pensé qu'il faudrait me dénuder. Je croyais que c'était une histoire sentimentale. Le comédien principal est déjà choisi et il s'agit d'un bel homme. Je rêve à lui, son regard m'allume et j'existerais enfin si je pouvais jouer à ses côtés. J'ai suivi des cours de théâtre et de chant : ma nouvelle vie passe, j'en suis persuadée, par le milieu artistique. J'ai même mon nom d'artiste : Gypsy. Ma carrière de mannequin me permet de faire plusieurs défilés pour des couturiers connus, de plus en plus importants même. J'ose donc espérer le succès. Mon rêve de devenir une artiste prend forme et j'y crois très fort. Alors, un premier film serait une sorte de tremplin pour lancer ma carrière dans le cinéma.

Il m'a rappelée, ce Ricardo, pour me donner rendez-vous dans une chambre d'hôtel. Il est sympathique, mais pas très enthousiaste quand il m'ouvre. Il dit que le premier rôle féminin est attribué et qu'il cherche la seconde femme. Il y a une jeune chanteuse rock sur les rangs. Ma rivale. Il scrute ma réaction. Je me sens un peu mal à l'aise de passer une audition dans cette suite du Four Seasons, mais son temps est compté, alors il travaille quand et comme il peut pour terminer son casting. Tout à coup, il me demande froidement d'ôter mes vêtements…

Je ne veux pas. Je reste figée. Il me dit alors que je peux oublier ma carrière.

« Le cinéma, c'est pas pour les fillettes à maman ! Faut bien essayer la marchandise avant de signer le contrat. C'est pas la première paire de seins que je vois, ajoute-t-il en cherchant à me prendre dans ses bras. Tu es pourtant très belle. Tu n'as rien à craindre. Je vais essayer de t'inspirer un peu.

– Je suis une comédienne, pas une pute…

– Tu me plais bien, avec ce regard colérique, ces yeux noirs farouches… Viens par ici… Joue-moi ta meilleure scène de désir. Tu dois être une vraie tigresse, toi !

– Non », dis-je en me reculant.

Pour m'exciter sans doute, il commence à se masturber en me disant des obscénités. Je baisse les yeux, puis, attrapant mon manteau, je me sauve.

« Petite sotte ! Oublie le cinéma ! » crie-t-il en riant grassement, juste avant que je claque la porte.

J'étais en colère et déçue d'être tombée dans ce piège, car il était hors de question que je commence ma carrière en couchant avec le réalisateur. Je me suis dit alors que ce rêve n'était sans doute pas pour moi. Que j'aurais d'autres occasions de mettre en valeur mes talents, pas seulement mon physique.

À ma grande surprise, le réalisateur me rappelle deux jours après l'audition ratée pour me dire que j'ai le second rôle. Le tournage débutera dans dix jours et ces trois semaines de travail me vaudront quinze mille dollars. J'accepte en espérant ne pas avoir à croiser trop souvent Ricardo sur le plateau.

Le premier jour, je suis intimidée. En douce, je me gèle avec de la cocaïne pour oublier ma peur. J'ai une scène à faire avec Paul, le premier rôle masculin. Il joue le gars amoureux. Après les séances de coiffure et de maquillage, je me sens mieux, ainsi transformée en beauté fatale. À la fin de la scène, il m'embrasse, me caresse et nous nous donnons un rendez-vous clandestin. Car dans ce rôle ambigu, il mène une double vie. Il m'attire pour vrai, ça, je n'y peux rien.

Le deuxième jour de tournage se passe dans la neige et je constate qu'on a changé le scénario. Il y a maintenant des scènes plus osées, mais je refuse d'enlever mon chemisier.

« Je ne veux pas montrer mes seins. Cette scène n'était pas dans le premier scénario.

– C'est juste un peu suggestif, du porno *soft*, rien de choquant. Tu vas jouer dans la neige avec ton amant et les spectateurs ne pourront que deviner tes formes. »

Paul attend et tout le monde se demande pourquoi je refuse ; on me pense capricieuse, trop pudique. Je me faufile aux toilettes pour renifler une ligne de coke et je reviens. Je me plie docilement aux demandes du réalisateur. On refait la scène et la troisième prise est parfaite. Je joue avec plus de naturel et je deviens réellement l'amante que le héros ensorcelle en lançant des flocons de neige sur sa peau nue. Je joue le jeu du désir, dans cette scène que je crois plus artistique qu'érotique. Comme je ne vois pas les images, j'ignore ce que le film véhiculera. Pour moi, l'expérience et le cachet sont mes récompenses concrètes. Ensuite, je passe à autre chose.

Après cet épisode audacieux, je n'ai plus de nouvelles pendant des mois, puis j'apprends que le film sortira en Europe seulement. C'était l'entente prévue. Je me sens soulagée, car si mon père voyait ces images, il me renierait sans doute. La culture gitane est très puritaine quant aux droits des femmes, tandis que les hommes se permettent toutes les libertés. L'aspect positif de ce tournage, c'est qu'il m'a amenée à regarder mon corps autrement, à me défaire des complexes que je traînais depuis l'enfance. J'ai mis de côté une certaine pudeur naturelle et culturelle. Mon corps pouvait exprimer des émotions et s'abandonner. Mais l'étincelle qui le faisait vibrer, c'était ma soif d'un amour romantique.

Peu de temps après, je rencontre Rafaël, qui est danseur au Club 281. Notre attachement se développe progressivement et nous nous fréquentons pendant plusieurs semaines. Je l'aime bien, lui. Il ne cherche pas à me dominer. Il aime la musique et sa sensualité me touche. Nos rencontres sont synonymes de plaisir et d'échanges, avec lui je me sens devenir une femme à part entière.

Parfois, je vis une sorte de dualité. Je revois dans un éclair tout le puritanisme des gitans. Je me rappelle que mon père ne s'approchait jamais de ma mère, pas de tendresse devant les enfants. Mon enfance est imprégnée de cette pudeur. Jamais les femmes ne devaient provoquer les hommes, au risque d'être rejetées. Je ne me souviens pas d'avoir vu mes parents s'embrasser à la maison. Tout se passait derrière des portes closes, sous les draps, dans le noir.

Je voulais m'affranchir de tout cela. Rafaël m'a permis de m'affirmer sur le plan de la féminité.

Je regardais les hommes avec une arrogance de femme fatale, sans en être une réellement. Tous les hommes, sauf Rafaël, qui était mon gigolo. Lui, je le fréquentais en y mettant du cœur. Nous avions en commun d'être beaux au-dehors, de vibrer aux émotions fortes et de demeurer très secrets sur nos sentiments personnels. Nous avions l'habitude de nous retrouver certains soirs pour faire la fête. Nous avions l'impression grisante de connaître tout le monde ; les habitués constituaient presque notre famille.

« As-tu vu cette femme qui te regarde depuis qu'elle est entrée ? me demande-t-il un soir en désignant une grande blonde assise au bar. La connais-tu ?

– Oui. C'est Carole, la femme de mon frère Ritchie. Elle a quatre enfants, mais ça ne paraît pas. Autant te prévenir. Elle ne m'aime pas beaucoup.

– Pourquoi ? Veux-tu que je l'attendrisse un peu ? ajoute-t-il en balançant les hanches dans un mouvement de va-et-vient. On va rigoler…

– Pas la peine. Elle est simplement un peu jalouse, parce que mon frère a eu une aventure, avant elle…

– Ton frère ? Ils ont une grande liberté, les gitans ? Moi qui croyais que c'étaient tous des puritains !

– J'ai été élevée par mes grands-parents, tu vois, et leur fils aîné, Ritchie, est à la fois mon frère et mon vrai père. Il a refusé de reconnaître sa paternité. Il a laissé tomber ma mère, enceinte de moi, puis il a mis Carole enceinte juste après, et elle ne l'a pas lâché, jusqu'au mariage forcé. Un pot de colle.

– Et ta mère, qu'est-elle devenue ?

– Quand j'étais encore un bébé, elle a failli devenir folle. Pendant qu'elle était hospitalisée pour être opérée à un œil, les Demitro m'ont enlevée. En pleine nuit, tout le monde a déménagé à Toronto. Ma mère a passé des années à me chercher partout, dans les bus, les ruelles, les cours d'école. Son bébé, sa petite Pania restait introuvable. Ça faisait déjà quelques années que j'avais disparu quand elle est venue me voir à la maison un midi. Tout le monde voulait me faire croire qu'elle était mon ancienne gardienne… Mais je savais tout !

– Tu la vois encore, ou pas ?

– Elle a épousé un Marocain. Elle voyage beaucoup et elle a eu un autre enfant. Mais je pense souvent à elle. C'est une artiste, comme moi. Elle était mannequin et comédienne. Elle est tellement belle !

– Pis l'autre, la Carole, qu'est-ce qu'elle te veut ?

– Se venger… Fais-moi plaisir, va donc lui faire cracher un gros billet… Je voudrais bien voir si elle va craquer pour toi !

– OK. Après, on se retrouve comme d'habitude. *Bellissima !* Je veux faire l'amour avec toi toute la nuit ! »

La musique reprend et les hommes se promènent dans le bar, virils et sensuels. Lorsque Rafaël la provoque, Carole me regarde d'un air furieux et fonce sur moi.

« Petite garce ! me crache-t-elle au visage. Tu voulais me piéger ! Je ne mange pas de ce pain-là, moi ! »

Ma fierté est blessée. J'en ai assez d'être jugée par des gens qui n'ont jamais eu à se battre pour exister vraiment. Moi aussi, un jour, je serai riche.

Une fois la colère passée, je commence à me poser des questions sur mon avenir. Cette vie désordonnée que je mène depuis quelques années me conduira où ? Mon ambition, ma fierté, mon orgueil se réveillent. Je veux devenir une icône, user de mon pouvoir et n'avoir plus jamais à subir l'humiliation. Je me remets au travail avec un seul objectif en tête : « Si c'est l'argent qui donne le pouvoir aux gens, j'en aurai encore plus que les autres. » Dès lors, je multiplie les occasions d'être vue, je travaille comme mannequin dans les défilés, je fais de la photo commerciale et j'accepte tous les contrats qui m'apportent une satisfaction artistique, tout en restant, à certaines heures de la journée, la pauvre diseuse de bonne aventure, en haillons. J'aime ce rôle. Il me va si bien !

Mes talents de cartomancienne me servent. Mes nouveaux objectifs sont clairs : gagner beaucoup d'argent, comme me l'a appris Mamo depuis l'enfance. J'ai appris à cette école de l'observation humaine que les plus malheureux recherchent un peu d'espoir et que, pour en avoir, ils sont prêts à payer. Dans ce jeu de l'offre et de la demande, je veux être dans le clan de ceux qui gagnent.

Je développe mon personnage et le joue de mieux en mieux, le plus souvent habillée avec des vêtements dépareillés, démodés, sans maquillage ni artifices. Je veux inspirer la pitié et toucher les gens par mes dons en adoptant un air un peu perdu, une allure naïve, comme intemporelle. Dans un local sobre, je reçois les infortunés qui ont perdu leur travail, les malchanceux en amour, les éclopés issus de familles déchirées, les superstitieux qui craignent toujours un nouveau malheur. Des hommes et des femmes de toutes les nationalités, de tout âge. Des naufragés à la recherche d'une bouée de sauvetage. Je leur demande leur date de naissance, je lis dans les lignes de leur main, je leur tire les cartes pour voir si leur avenir est rassurant.

Si le client n'a pas d'argent sur lui, il revient la semaine suivante. Il apporte des photos des personnes qui lui veulent du mal et j'allume une bougie qui brûlera toute la nuit, puis j'invoque les esprits qui viendront régler tous ces problèmes. Le client revient trois jours d'affilée, confiant que tout ira mieux bientôt. La plupart du temps, ça fonctionne, parce que les gens y croient. Ils identifient les actions qui les sortiront du pétrin.

Évidemment, c'est souvent par l'observation que j'arrive à déceler les besoins d'une personne. Ses réactions à chacune de mes phrases me permettent d'échafauder mon baratin. Il y a beaucoup de non-dit dans ce métier où l'espoir est souvent caché dans une phrase banale : « Votre situation financière va s'améliorer, je le vois... Vous allez toucher un héritage. » Et le client me parle d'une personne mourante, une vieille tante, ou quelqu'un à qui il a rendu service un jour. «Votre femme… Elle a des problèmes. Je le vois!» Et le client m'avoue que son épouse ne s'est pas remise du dernier accouchement, qu'elle fait une dépression, alors que lui est tombé amoureux de la voisine. «Les remords vont vous tuer, mon pauvre monsieur!»

Pour délivrer une personne, les moyens ne manquent pas, à condition qu'elle m'ouvre son portefeuille. «Six ans de malheur prendront fin si vous sacrifiez deux cents dollars.» Voire davantage, tout dépend du client. Parfois, c'est une tare familiale, un secret qui empêche les gens d'être heureux depuis des générations. Avec un mélange d'huile d'olive et d'eau, on peut asperger la personne pour chasser les mauvais esprits au cours d'une cérémonie spéciale. Chaque client fixe lui-même les limites. Certains payent dix dollars et ne reviennent plus; d'autres veulent tellement s'en sortir qu'ils peuvent dépenser mille dollars en plusieurs séances. Tant qu'ils ne sont pas bien dans leur peau, j'invente des moyens de les aider, soit par des talismans, des potions, de l'eau bénite ou un objet fétiche. Certains saints ont aussi de l'influence. Pour cette raison, j'étale des symboles de toutes les religions dans mon salon de divination.

Avec les outils de l'époque, car je n'étais pas psychologue, j'arrivais à remettre la personne sur la bonne route, à lui faire oublier ses idées de vengeance pour que son attitude positive améliore les choses. J'avais une écoute et une ouverture qui, en dépit de l'argent que je demandais en échange, aidaient réellement les autres, quoi qu'on en pense. Ma famille jouissait d'ailleurs d'une bonne réputation grâce à sa croyance dans le fait qu'on peut réparer de mauvais agissements, qui nous empêchent d'être heureux, par la pratique du bien. C'était très intéressant de voir des gens s'ouvrir aux autres et apprendre à partager, afin de se sentir bien dans leur peau et d'être appréciés de leur entourage. Tout cela fonctionnait, peu importe le médium utilisé : lire dans les feuilles de thé ou le marc de café n'était qu'un prétexte pour mieux comprendre l'être humain et ses motivations.

J'avais hérité de Mamo une certaine acuité pour détecter les signes et les présages et, chez les gitans, il y avait une liste impressionnante de superstitions. Je m'amusais parfois à y recourir. Par exemple, quand mon œil n'arrête pas de sauter, surtout l'œil gauche, c'est signe du mauvais œil, d'un danger qui nous guette. Lorsque cela se produit, je mets un peu de salive sur mon doigt et, par trois fois, je trace une croix sur ma paupière. Ma préférée, c'est quand la paume de ma main me pique : cela signifie que je vais gagner beaucoup d'argent. Pour ajouter à cette bonne fortune, j'embrasse la paume de la main, puis je la passe dans mes cheveux. C'est un rituel que j'ai toujours gardé.

Il y a aussi le nez qui pique, annonçant un ennui… En fait, chaque partie du corps nous lance des messages. Si on se touche la gorge de la main, il faut ensuite souffler sur cette main pour chasser le mauvais sort. Les vendredis 13, il faut éviter les escabeaux et les échelles. En général, ce n'est pas une journée très profitable : les gens se méfient trop.

Lorsqu'on trouve un fil sur ses vêtements, on le roule en boule et on le met dans son soutien-gorge. Cela annonce de l'argent, selon la couleur du fil. Les fils blancs sont de loin les plus prometteurs.

J'avais observé attentivement les méthodes de Mamo et j'allais souvent plus loin qu'elle dans mes expériences. Ainsi, j'avais mis au point une technique pour les personnes malades, déprimées ou qui manquaient d'énergie. Dans un cadre de bois, je plaçais du sable. Le client remuait ce sable et ensuite je lisais son avenir dans les formes, les monticules, les nuances d'ombre et de lumière des reliefs.

L'argent que je gagnais ne servait pas à constituer une réserve pour mes projets personnels. Sans trop mesurer ma dépendance à la drogue, car je me sentais en contrôle, je consommais de plus en plus. Rien ne paraissait, mais plus je travaillais en pensant m'en sortir, plus j'avais besoin de geler mes émotions. Mon mal de vivre, comme un cancer, se ramifiait en silence. Je recherchais la compagnie de personnes qui aiment faire la fête. Je vivais intensément, pleine d'ambition et provocante aussi, dans ma manière de regarder les autres.

Entre deux *high*, je retrouvais un certain dégoût pour la fille que j'étais devenue : belle mais vide ; populaire mais si seule. La cocaïne me faisait oublier ma déchéance. Mon audace inquiétait Tâté. Pour sauver son honneur, il mit brutalement un terme à ma « folle jeunesse », selon son expression.

En quelques jours, ma vie bascula : il y avait urgence de me caser, de me trouver un mari, d'éviter à tout prix le scandale d'une vie trop libertine au goût des gitans.

Junior se vantait souvent d'être le roi des gitans, parce qu'il était né un 25 décembre, comme Jésus, le roi des Juifs. Il aimait le luxe, le rouge et l'or ; il se comportait comme un seigneur. Ainsi, l'organisation des mariages était une sorte de consécration entre les grandes familles. Il avait épousé Anita alors qu'elle n'avait que seize ans, et il aimait croire qu'une femme doit être mise très tôt en ménage. La plupart du temps, il choisissait le mari idéal en fonction de sa notoriété. Mais moi, la rebelle, la demi-gitane, je voulais échapper à cette tradition, coûte que coûte.

Ma seule chance était que ma sœur aînée n'avait pas encore trouvé de mari. Il fallait respecter la hiérarchie, et tant que Jade serait célibataire je pouvais espérer un peu de liberté.

PARTIE IV

Liberté dangereuse

«*Pardonne-moi*», m'a soufflé Junior à l'oreille.

Il m'a serrée si fort que, pendant de longues minutes, je me suis sentie soudée à lui. J'ai oublié que c'est la musique de ma danse de jeune mariée; que j'aurais dû danser avec mon mari. Mais Tâté m'a agrippée et retenue contre lui. L'affection que j'ai tant voulu obtenir de sa part, toute ma vie, il me la montre aujourd'hui. Trop tard. Je suis pourtant si émue. Je pleure et je lui crie ma révolte. C'est lui qui a arrangé ce mariage et choisi le mari, pour sauver l'honneur de la famille. Il me sacrifie à cet homme que je ne peux approcher sans avoir recours à la drogue. Cet inconnu qui a pu se payer une belle gitane de Montréal, la fille du king!

La musique s'est arrêtée. La famille du marié nous montre du doigt.

«Va-t-il la lâcher? C'est la femme de Joey, maintenant!»

Un groupe de gars nous encerclent. Ils nous bousculent, car mon père ne veut pas me laisser partir. Devine-t-il ce que sera ma vie avec cet homme? Avec sa famille faussement sympathique? Loin du clan, au cœur du New Jersey? Ils nous séparent. Tâté pleure. Je hurle.

«Mais pourquoi t'as fait ça?

– Pour l'honneur... Pardonne-moi!»

Pendant qu'on traîne Tâté dehors, Joey me regarde avec passion. La danse nuptiale commence enfin, sous les applaudissements.

Chapitre XVI

La mascarade

Contre la volonté de Junior, je ne pouvais rien. C'est ainsi que la menace du mariage, jusque-là une vague idée, se transforma en une cruelle réalité.

« Ouvrez les jambes, dit le médecin en s'approchant du lit. Ça ne fera pas mal. »

J'allais me marier dans quelques jours et je devais être vierge. Sauver l'honneur de ma famille avant tout. Alors j'ai trouvé un médecin à l'hôpital Jean-Talon. Il pouvait me refaire un hymen, me redonner ma virginité, pour que les ententes du mariage soient respectées. Personne n'en a rien su.

Est-ce que tout cela se serait passé de la même façon si Carole, la femme de Ritchie, n'avait pas raconté à Junior que je sortais avec un danseur du 281 ? Il était devenu furieux. Hors de lui ! Il y avait eu une réunion du conseil de famille. Les hommes seulement ! Le verdict avait été adopté à l'unanimité.

« Il faut qu'elle se marie, et vite. Mieux encore : qu'elle quitte Montréal.

— Elle devrait être mariée depuis longtemps. Le temps presse !

— Te souviens-tu de cette famille du New Jersey ? avait demandé Mamo, en douce. Ils nous ont appelés plusieurs fois, il y a deux ans, peut-être plus, pour nous demander si le chemin était libre. Tu avais dit non. Mais les choses ont changé. Le gars avait eu un vrai coup de foudre pour Dolly, tu te rappelles…

– Ouais… Sofia doit bien avoir son numéro. Elle les fréquente à l'occasion, depuis qu'elle habite là-bas. »

Le soir même, Junior appelait les Wilson. C'était une bonne famille, mais sans prestige.

« Le chemin est libre », dit-il après s'être identifié.

Le père de Joey ne prit que cinq minutes pour consulter son fils, puis il rappela pour fixer une rencontre. Le prix du mariage serait-il trop élevé pour la famille ? Lorsque les arrangements ont été négociés, j'étais là, mais je n'avais pas le droit de parler.

« Elle est belle, talentueuse, et rapportera bien plus qu'une épouse normale, avait argumenté Junior qui portait ce jour-là ses habits du dimanche.

– C'est combien ? avait demandé le père, froidement.

– Dix mille dollars américains. Et, comme le veut la coutume, on vous redonnera cinq cents dollars pour qu'ils fassent le premier bout de chemin ensemble.

– Et que sait-elle faire ? Pourquoi demander autant ? On s'attendait à payer le prix normal, soit six mille deux cent cinquante.

– Elle dit la bonne aventure, elle cuisine, elle connaît nos coutumes, elle est douée avec les enfants, et puis elle chante et danse. Elle a fait un disque déjà et de la radio. Ella a un look de mannequin. C'est une artiste !

– Faudrait qu'elle arrête tout ça… C'est mal vu chez nous.

– Je comprends, mais sachez qu'elle gagne beaucoup d'argent. C'est une façon comme une autre d'amortir rapidement votre dot. En plus, elle parle cinq langues. C'est à prendre ou à laisser, plaide Junior en insistant avec une autorité certaine.

– Bon, pas de doute, elle est belle. C'est certain qu'elle va nous rapporter plus que la dot que vous demandez… On accepte.

– Et, comme le veut la coutume, vous payez la noce, la robe, le repas, les boissons aussi, avait conclu Tâté, en bon chef de clan.

Elle va rehausser l'honneur des Wilson, ça, personne n'en doute ! Vous allez gagner en popularité. »

Pendant que les Demitro et les Wilson me traitaient comme une vulgaire marchandise, je me demandais comment me soustraire à cette cage qui allait se refermer sur moi. Mes parents jouaient le jeu de la fierté gitane, mais je les sentais tristes.

Parce que je me mariais avant Jade, mes futurs beaux-parents devaient lui donner cinq cents dollars à titre de dédommagement, pour qu'elle ne se sente pas humiliée. Briser la tradition exigeait réparation. Je ne m'en faisais pas pour l'argent, mais je me demandais ce que ma vie deviendrait après ce mariage forcé. Pour m'assurer que je serais respectée dans mes choix, je ne devais pas laisser le hasard guider mes pas. J'ai réussi à rencontrer Joey une fois, la veille du mariage, sans que personne le sache. C'était chose interdite. Pour moi, la délinquance apparaissait ici sous le visage de la prudence et de la clairvoyance. Il était amoureux fou de moi, ce Joey. C'était un homme assez grand, au visage osseux et aux cheveux mi-longs très noirs. Ses yeux me faisaient penser à ceux de Johnny Depp.

« J'ai accepté de t'épouser pour respecter les valeurs des gitans, lui ai-je dit. Mais j'ai des conditions…

– Tout ce que tu veux, tu l'auras, ma Dolly, dit-il en s'approchant de moi.

– Arrête. Ne me touche pas ! La tradition veut que tu sois d'abord mon mari pour avoir le droit de m'approcher. On est là pour parler ! »

Il a reculé et m'a écoutée. Assis sur le lit de la chambre d'hôtel luxueuse du Ritz où je jouais une scène importante de ma vie, il me dévorait des yeux, comme si j'étais une princesse. Ce regard me transperçait : c'était celui d'un homme qui veut posséder une femme. À n'importe quel prix. Je lui ai dit que j'étais une femme unique au monde. Et j'ai négocié le droit de poursuivre ma carrière en faisant les cent pas devant lui.

« J'ai déjà fait plusieurs films, tu sais. Du théâtre, aussi, et je suis un mannequin très recherché. Je chante le répertoire gitan, mais aussi du Barbra Streisand, et je voudrais composer un jour mes propres chansons. Tu ne vas pas m'enfermer et m'empêcher d'être heureuse, n'est-ce pas ? Tu devras me laisser ma liberté. Je n'entends pas être soumise à qui que ce soit, même si nos parents nous ont enseigné cela. Je suis une femme moderne. Je gagne bien ma vie, comme tu peux le voir… Acceptes-tu cela ? »

Joey semblait se demander si c'était cette femme magnétique ou la femme d'affaires qu'il épouserait. Combien lui rapporterait sa future star ? Il se l'imaginait déjà sur un grand écran, dans toute sa splendeur, tandis que lui se payait une voiture rutilante et un manoir dans la Grosse Pomme. Jamais ses parents ne parviendraient à une telle notoriété. Il serait peut-être un jour quelqu'un, lui aussi.

« Je ferai tout ce que tu veux. Je ne peux pas vivre sans toi. On habite à une demi-heure de New York. Ce sera parfait pour ta carrière. *Na dair so good, mongos dav tout*[21] ! J'ai hâte que tu sois à moi. Je t'aime, Dolly, à en perdre la tête. »

Je lui ai pris la main. Le pacte de ma liberté conditionnelle de femme mariée venait d'être conclu. Il m'a embrassé les poignets et les mains avec passion.

« Demain, tu seras ma femme et je serai le plus heureux des hommes ! »

J'y ai vu une bonne chose, après tout. Les possibilités existaient. Alors, j'ai accepté cet engagement avec moins de réticence. En secret, j'avais élaboré un plan si jamais il refusait de me faire cette promesse : j'allais disparaître, me sauver, faire une fugue la veille du mariage et personne ne me retrouverait. J'avais appris à m'adapter, c'était une possibilité, mais la fuite en était une aussi. J'étais comme une pièce informe qui pouvait s'insérer dans n'importe quel puzzle. C'est ce que je croyais, en me berçant d'illu-

---

21. En manouche : N'aie pas peur, tout ce que tu veux, je te le donnerai !

sions. Pour oublier cette petite voix en moi qui me rappelait mon mal-être, j'ai fait la fête toute la nuit… Ma dernière nuit de femme libre.

Le lendemain, je devais suivre un cérémonial assez folklorique. J'arrivais dans la tenue de mon choix et les invités m'accueillaient. Puis ma mère me faisait enfiler la robe qu'elle avait choisie pour mon mariage. Quelques heures plus tard, c'est ma belle-mère qui me demandait de mettre la robe qu'elle voulait m'offrir. Plus tard, dans la journée, je revêtais la magnifique robe de mariée. C'est la tradition ; trois robes.

La superbe robe blanche avait fait s'étonner les uns, se pâmer les autres. Une reine ! Je portais fièrement les bijoux de ma mère, dont certains avaient une grande valeur, ainsi que la chaîne en or que m'avait donnée ma belle-famille. Une première cérémonie a eu lieu avec le bâton gitan, très impressionnant avec ses foulards de toutes les couleurs et ses clochettes qu'une personne fait tourner autour de nous pour attirer le bonheur sur notre couple. Puis, notre parrain et notre marraine de mariage, mon oncle Alain et ma tante Maria, nous ont attachés l'un à l'autre par le poignet avec un foulard. C'est pour les gitans ce qui remplace les alliances. Pendant toute la soirée, nous sommes restés unis ainsi. Finalement, devant tout le monde, Alain et Maria m'ont coiffée d'un diadème et d'un voile pour confirmer le mariage. Toujours aussi prudes, les gitans n'acceptaient pas qu'on s'embrasse en public, pas même ce jour-là. Puis la fête, pleine d'exubérance et de joie, a révélé la grande générosité et le sens du partage dont les gitans savent faire preuve.

Joey et moi avons mangé, bu, porté des toasts, puis fait le tour des invités avec une corbeille, fabriquée avec un pain évidé, pour recueillir les dons. Nous versions un verre de cognac à chaque invité, et celui-ci mettait de l'argent dans la corbeille. Nous lui offrions un foulard en souvenir. Après les danses et les chants traditionnels, j'ai pu prendre une poignée d'argent qui me servirait à moi seule. J'ai puisé une bonne somme, environ huit cents dollars. J'ai été trop gourmande, comme on dit, alors j'en ai remis dans le bol. Les beaux-parents ont compté : les dons atteignaient plus de trois mille dollars. La somme a été remise à la belle-famille, comme le veut la coutume. Joey en a pris une part afin d'assumer les frais de notre installation. Mais l'épreuve la plus déterminante qui m'attendait était le fameux test de virginité.

Sans réel élan amoureux, nous avons quitté la fête pour aller dans mon monde, comme disait Joey. Je l'ai entraîné dans ma discothèque préférée et on a bu du champagne. Lui en smoking et moi en robe de mariée, on a marché dans la rue Sainte-Catherine. La limousine nous suivait au pas. Je me sentais euphorique au bras de mon prince charmant, et nous sommes rentrés à l'hôtel au milieu de la nuit, à moitié ivres.

Mais je ne pouvais me soustraire à la tradition de la nuit de noces. Pour dissiper la gêne, nous avons sniffé une ligne de cocaïne. Moi, j'étais habituée, mais pas lui. La coutume voulait que, lors de la première relation sexuelle, je porte un jupon blanc. Il fallait y trouver du sang, la preuve de ma virginité. Nous avons fait l'amour et ce fut particulièrement douloureux. Les points de suture, faits quelques jours auparavant, se sont rompus lors de la pénétration et quelques gouttes de sang ont maculé la soie blanche. J'ai frotté très fort pour que les taches s'agrandissent.

La tradition voulait que le lendemain matin je rentre à la maison, où presque tous les invités avaient dormi, avec les cheveux détachés, comme une jeune fille libre. Je devais alors donner le jupon au conseil des femmes, dans un sac en papier brun. Une dizaine d'entre elles se sont retirées dans une chambre pour examiner le jupon, puis, à la suite du verdict unanime, ça a été l'explosion de joie.

« Elle est maintenant une Wilson à part entière », a déclaré Joey en nouant un foulard dans mes cheveux.

Désormais, j'étais une femme mariée et mes cheveux devaient rester attachés. En outre, je ne pouvais plus porter de pantalons. La coutume voulait qu'une femme mariée porte toujours une jupe qui cache les genoux. Fou de joie, Joey m'a soulevée pour célébrer le grand événement. On tapait des mains, le mariage était consommé. Je regardais les membres de ma famille, un à un, comme pour leur dire adieu.

Les yeux de Tâté étaient humides, vitreux, et il semblait abattu comme jamais. Avait-il bu toute la nuit? Que se passait-il dans sa tête? Pourquoi ce regard désabusé aujourd'hui, alors qu'il avait passé sa vie à me dénigrer, à m'humilier, comme si je n'étais pas une assez bonne personne pour appartenir au clan? Est-ce qu'il avait réellement de l'affection pour moi? J'ai senti monter mon émotion.

Mamo, qui m'avait toujours adorée ouvertement, pleurait en me disant adieu. Elle m'a serrée contre elle, plus italienne que gitane en cet instant. J'ai senti en moi ses craintes et ses frustrations. La soumission avait laissé en elle des blessures profondes.

«Ne fais rien contre ton cœur, ma fille, me dit-elle à l'oreille. Refuse d'être l'esclave de qui que ce soit. Sois et demeure la Dolly fière et forte que j'ai vue grandir dans mon ombre. Te voilà maintenant dans la lumière. Fais ta chance! *Ta avale bache talo quon drome. Ja Dieulassa*[22].»

C'est ainsi que j'ai quitté Montréal le 3 septembre 1983 avec ma petite valise. C'était un samedi lumineux, mais terriblement triste. Si j'avais pu prédire mon avenir, je ne serais pas partie ce jour-là… Dans la voiture, mes beaux-parents et moi n'avons presque pas parlé. J'étais mal à l'aise, même si Joey me tenait la main. J'avais l'impression de m'en aller dans une famille d'étrangers en laissant derrière moi tous ceux que j'aimais. Tiendrait-il sa promesse, mon nouveau mari?

---

22. En manouche: Que la chance soit sur ta route. Va avec Dieu.

Chapitre XVII

Le purgatoire

« À toi maintenant de prouver ce que tu vaux, me dit Joey d'un ton froid, lorsque je suis entrée chez les Wilson. La fête est terminée. »

Cette vieille maison sent le moisi. J'y entre comme une étrangère visite un décor de cinéma. C'est froid et sombre. Il y a un bureau de voyance près de l'entrée. Le soir, les beaux-parents dorment là, sur un matelas qu'on pose par terre. Joey et moi avons le droit de dormir dans la seule chambre dotée d'une porte. Mais le mur en contreplaqué qui sépare les deux pièces est troué : adieu l'intimité.

Je défais ma valise. La cuisine et le salon sont presque vides, il n'y a que quelques meubles vieillots et rafistolés. C'est loin du confort auquel je suis habituée.

Je commence donc à dire la bonne aventure. La nouvelle de ma présence fait rapidement le tour de la petite ville et la curiosité attire mes premiers clients. Avec tous les trucs que Mamo m'a appris, je fais en sorte que mes clients m'adoptent.

Les femmes sont anxieuses, alors elles reviennent avec l'argent quelques jours plus tard. Les hommes tombent facilement dans mes filets et je sais les attendrir. Ils mangeraient dans ma main. Et le bouche-à-oreille est une machine que rien n'arrête. En une semaine, je récolte une grosse somme d'argent et la famille de mon mari prend tout. Je décide donc de me constituer une petite cachette d'argent, un HO, comme Mamo le faisait, afin de n'être jamais dans la pauvreté. Mais la tempête couve entre ces murs que je commence à détester.

«Je t'ai vue faire, me lance Joey. Tu aguiches les hommes. Tu les rends fous de toi. Oublies-tu que tu es une femme mariée?

– Je n'ai jamais fait une telle chose. Je suis une femme honorable. C'est moi qui vous fais vivre, non? Tu ne vas pas m'espionner en plus de prendre mon argent?

– Tu dois m'obéir à présent! crie-t-il en me poussant sur le lit. Les *romnia*[23] sont faites pour obéir à leur mari, tu m'entends? Tu m'appartiens!

– C'est un faux mariage! dis-je en me débattant. Je ne t'aime pas. Je n'ai pas du tout l'intention de me plier à ta jalousie maudite!

– Je ferai tout ce que je veux de toi. Et je te veux, maintenant! Que ça te plaise ou non!»

La possessivité maladive de Joey va grandissant. Il m'empêche de sortir et de voir mes cousins, et mes beaux-parents me surveillent jour et nuit. Heureusement, ma sœur habite à seulement une demi-heure de la maison des Wilson. À deux reprises, je me sauve à leur insu et me rends chez elle.

«Le mariage est la pire chose qui me soit arrivée, confié-je à Sofia. Je suis si seule, loin de mes racines. Je crois que je ne pourrai jamais m'y faire.

– Moi, j'étais tellement jeune quand les parents m'ont mariée. En dehors de mon rôle d'épouse, je ne sais rien faire d'autre. Toi, tu as une carrière, du talent. Qu'est-ce que tu attends pour foncer?

– Joey avait promis de me laisser travailler. Il me disait que New York serait mon tremplin. Il a menti. Il n'a pas d'auto et il contrôle tout ce que je fais. Quand je refuse de faire l'amour avec

---

23. En manouche: Femmes gitanes, une fois mariées.

lui, il me viole. Si je crie, ses parents me tiennent responsable de tout. Je vis dans une cage, Sofia. Je vais crever…

– Je ne te dis pas ce que je vis, mais c'est bien pire, me confie ma sœur.

– Ils sont si sévères, les Wilson. Je me sens sale quand ils me regardent. Je dois me laver si souvent les mains que j'en ai des gerçures. Et ça fait mal. Ils me traitent comme si j'avais une maladie contagieuse ! Ils sont superstitieux, bien plus que Mamo. Il me faut contourner les hommes pour ne pas les toucher. Je n'ai même pas le droit d'aller aux toilettes quand ils sont là. Ils me méprisent et lèvent le nez sur moi. À leurs yeux, je suis *marie mé*[24], comme toutes les femmes mariées. Pourtant, je suis propre, polie et tout. Mais je n'en fais jamais assez à leur goût. C'est du harcèlement pur et simple. Jamais un mot d'encouragement ou d'appréciation. Ils me détestent. C'est mon argent qu'ils aiment.

– Fais-toi une raison et rentre chez toi. Le mariage n'est pas une partie de plaisir ! Tu ne vas pas décevoir Junior, tout de même. »

Elle a trouvé l'argument pour me faire taire. L'honneur de la famille a été sauvé par ce mariage. Il me faut me conduire comme une femme mariée, avoir des enfants, renoncer à mes rêves.

« Je déteste ma vie, lui dis-je en espérant un peu de réconfort. Je déteste la vie !

– Moi, j'ai fait une croix sur ma liberté. Épouser un gitan, c'est comme entrer au couvent. On ne peut pas en sortir. Il faut apprendre à vivre avec peu de choses, ne rien exiger et tenir le coup. Moi, ce sont les enfants qui me gardent en vie, dit-elle en fixant le vide. J'en ai déjà trois, alors ma vie ne m'appartient plus, tu comprends ? »

Je suis revenue chez les Wilson et personne n'a posé de questions. Heureusement que je prends la pilule à l'insu de mon mari.

---

24. En manouche : Une impure, une femme souillée par le péché de la chair.

Je n'aurais pas voulu me retrouver enceinte dans ce milieu hostile.

Le lendemain, parce que je suis restée trop longtemps dans la salle de bains, une nouvelle crise éclate.

« C'est quoi, ce maquillage ? Je te l'ai dit : pas de rouge à lèvres ! »

Joey m'attrape et me frotte le visage avec un vieux chiffon imbibé d'huile. Je crie et me défends.

« Pas de pute sous mon toit, tu m'entends ?

– Alors, je vais m'acheter ma propre maison. J'en ai assez de vivre ici.

– Tu voulais un mariage de princesse et tu l'as eu. Ta dette envers moi est la soumission. Si je le veux, on aura une maison. Sinon, tu te tais et tu travailles.

– Je veux aller à New York. Rencontrer des producteurs et faire un disque. Tu ne m'enterreras pas dans ce trou !

– Tu es ici pour y rester. Tu ne me parleras plus jamais de ta carrière. Oublie ça ! Pas question qu'un autre homme que moi te regarde. Tu *étais* une artiste. Aujourd'hui, ta carrière, c'est ici. C'est ta sœur qui te met des idées pareilles dans la tête, hein ?

– Ma sœur a accepté son sort et ses enfants l'occupent. Mais moi, j'ai des talents et je veux vivre autrement.

– Je vais t'en faire, des enfants, moi. Tu vas en avoir un par année, assez pour ruiner ta belle taille et ton esprit de rébellion. Je vais te dompter, je te le jure ! »

* * *

Huit mois après mon mariage, j'ai rendu visite à mes parents à Montréal. La vie était triste pour eux aussi et Mamo m'a presque suppliée de changer d'attitude.

« Tu dois apprendre à l'aimer. C'est un bon mari. On ne fait pas ce qu'on veut, dans la vie…

– Je ne veux plus vivre avec les Wilson. Je veux ma propre maison, sinon je ne retourne pas là-bas. »

Tâté s'est laissé attendrir par mes supplications. Il a appelé Joey et lui a fait promettre d'acheter une maison juste pour nous deux.

Suzanne aussi m'a fait comprendre à mots couverts que j'étais sur une bien mauvaise pente quand je vivais à Montréal.

« Tu as du talent, mais tu le gaspillais. Tu étais en train de te perdre dans la drogue et la débauche. La vraie vie, c'est autre chose. Tu as encore trop de colère en toi. Ta révolte va t'écraser.

– Ma révolte pourrait aussi me sauver. Je suis comme je suis et je me sens de plus en plus vide, jour après jour.

– Tu peux apprendre à faire le bien autour de toi. Agis en douce au lieu de provoquer la colère de ta belle-famille. »

Sur le chemin du retour, je ruminais de bien sombres projets. Une fois rentrée dans le New Jersey, j'ai trouvé un *pusher* qui se faisait passer pour un de mes clients. Je tentais de geler mes frustrations en secret. Ma seule amie, c'était la cocaïne !

Finalement, on a acheté une petite maison d'à peine trois pièces à Lodi. Joey s'est mis à réparer les toitures des maisons et les carrosseries d'autos. De mon côté, j'avais de plus en plus de clients et l'argent s'est mis à affluer. Je me disais que je finirais par l'aimer, ce mari que mes parents m'avaient imposé. Quelquefois, je repensais à ma vie d'avant, à Rafaël, mon amoureux. Tous mes rêves étaient partis en fumée. J'avais l'impression de jouer dans un mauvais film. J'aurais tout donné pour me réveiller ailleurs !

Lorsque je me droguais, j'avais parfois le sentiment de revenir à la vie. Je retrouvais mon sourire et mon désir de plaire ; je mettais de la musique à tue-tête et je chantais ; je dansais et je me prenais pour une grande vedette. C'est ainsi que j'ai survécu, en gelant mon mal de vivre !

Chapitre XVIII

La déchirure

« Tiens, prends ça, ai-je dit tout bas à Tâté en lui mettant cinq cents dollars dans la main. Tu pourras aller aux courses de chevaux sans le dire à Mamo.

– Elle ne pourra pas me chicaner…

– Faudrait que tu penses aussi à elle. Tu peux lui offrir une rose de temps en temps, comme quand j'étais à la maison. Tu te souviens ? Je l'achetais et tu la lui donnais. Elle était contente. C'était une petite complicité entre nous. Tout ça me manque.

– T'es une bonne fille. Je te remercie.

– Tu sais, le divorce, aujourd'hui, c'est courant. S'il fallait que toi et Mamo vous sépariez… j'aurais tellement de peine ! »

C'était la première visite de mes parents au New Jersey depuis mon mariage. Ils vivaient une vieillesse désabusée et se disputaient tout le temps. Mes frères et sœurs étaient tous partis, aux prises avec des problèmes de toxicomanie ou empêtrés dans toutes sortes des situations pénibles. Ma propre vie était aussi dramatique. Alors, je voulais cultiver des illusions, et ma famille était une chose sacrée pour moi.

« Achète-toi des chaussettes neuves et fais un petit cadeau à Mamo pour qu'elle soit moins déprimée.

– Je préfère aller parier. Ça, c'est ma passion », dit-il en me faisant un clin d'œil.

Si j'étais dépendante de la drogue, comme la plupart de mes frères et sœurs, Tâté, lui, avait le jeu et ses chevaux à Blue Bonnets. C'était son paradis artificiel. Je me sentais mal de le pousser vers son vice, mais comment pouvais-je lui montrer que je l'aimais? Il me semblait que c'était la seule chose qui lui faisait vraiment plaisir. Je lui donnais donc de l'argent pour qu'il puisse parier sur les chevaux.

Quand ils sont repartis pour Montréal, comme un vieux couple usé par la vie, je les ai entendus dire: «Au moins, Dolly semble heureuse. C'est tout ce qui compte!» Leur visite m'avait fait du bien.

Quelques semaines plus tard, un matin vers six heures, le téléphone sonne. C'est ma sœur Sofia.

«Junior a eu une crise cardiaque durant la nuit. Il est à l'hôpital.»

Mes jambes se dérobent. Je me laisse glisser au sol. «Il ne va pas mourir?» La veille, un oiseau s'était écrasé dans la fenêtre du salon et j'y avais vu un sombre présage, mais je ne me doutais pas que le sort s'acharnerait sur Tâté. Je fais donc mes valises et, vers trois heures, je suis à l'hôpital de la Cité-de-la-Santé, à Laval.

Toute la famille est là, autour de Mamo. On s'embrasse. On pleure. On voudrait faire quelque chose.

«Cet hôpital ne m'inspire pas confiance, dit Mamo. Il serait mieux soigné chez les Juifs, à Montréal. Mais on n'a pas le choix. Il y a une grève là-bas.

– Est-ce qu'on peut le voir? ai-je demandé. J'aimerais tellement lui parler…

– Il est aux soins intensifs. C'est compliqué.»

J'arrête un médecin qui sort de la chambre et le supplie de me laisser entrer.

«Pas question. Il est trop fragile. Il ne faut pas l'exciter, vous comprenez. Sa vie ne tient qu'à un fil.»

Je n'insiste pas mais, quand tout le monde a le dos tourné, je m'approche de la porte, l'entrouvre pour le voir. Il est pâle, branché à des machines, tellement vulnérable. Je voudrais lui dire qu'il est l'homme de ma vie. Que j'aurais tout fait pour gagner son amour. Je veux qu'il vive pour pouvoir lui dire tout ça.

Les médecins reviennent vers cinq heures pour nous dire qu'ils vont lui mettre un stimulateur cardiaque. C'est sa seule chance. Nous acceptons, tous très anxieux.

Une heure et demie plus tard, une infirmière vient nous annoncer qu'il n'y a plus rien à faire. Junior est mort. Il avait soixante-deux ans. Et les médecins se sont éclipsés, craignant de subir la colère de mes frères. La peine se mêle à la rage en moi. J'ai l'impression que je tombe dans un trou et le vertige me fait peur, me fait mal.

Je voulais absolument voir Junior, le toucher. Je pénètre dans sa chambre discrètement. Je m'approche de son lit et je soulève le drap blanc qui lui recouvre le visage. Je vois la mort dans son corps froid et j'ai terriblement peur. En tremblant, je touche ses mains et je pleure, sentant bien que son âme est encore là.

«J'ai besoin de toi, Tâté. Tu ne peux pas partir comme ça. Je t'en prie, reviens! Tu ne vas pas nous abandonner, mon papa! Mon amour!»

Puis une sorte de paix m'envahit. Comme s'il me prenait dans ses bras pour me consoler. Après, je crois que son âme est montée au ciel. Et je retourne auprès de ma famille, le cœur triste.

Durant les jours de deuil, une blessure immense saigne en moi. Ritchie et sa femme Carole, devenue une vraie gitane à présent, avec leurs quatre enfants, me rappellent ce que j'aurais pu vivre si Ritchie m'avait reconnue. Ces enfants ont eu la vie que j'aurais dû avoir. Suzanne est venue pour Mamo, elles sont restées amies malgré les événements du passé. Elle est toujours aussi belle, ma mère. Je regrette la vie que je n'ai pas eue, mais, lorsque les rites commencent, je sens la force des gitans qui m'habite. Je suis un quart gitane par mon sang, et tout mon passé est imprégné de cette culture.

Pendant trois jours, vêtue de noir, je repense à la vie de Tâté, celui que j'ai toujours considéré comme mon père mais qui, dans les faits, était mon grand-père paternel. Pendant les cérémonies, je pleure cet amour qu'il m'a toujours refusé.

« Son esprit va à Dieu, dit une toute jeune fille qui nous donne de l'eau à boire avant d'en verser un peu sur le sol. Nous lui demandons sa protection. Que l'encens l'emporte maintenant au paradis. *Ta jale rhiou*[25]. »

On répète ce rituel deux fois par jour. Dans le pichet d'eau flotte un ruban rouge qui doit nous faire penser à celui qu'on enterrera après trois jours de deuil. On lui a mis ses plus beaux habits et son cercueil est rempli de tout ce dont il aura besoin pour ce voyage : bijoux, dentifrice, parfum, café, et même de l'argent pour qu'il puisse payer son entrée au ciel. On demande à un jeune de jouer le rôle du mort lors des repas. Il mangera et boira à sa place.

Puis, le troisième jour, c'est l'enterrement. Il y a beaucoup de monde. Le clan gitan vient de perdre son chef. Plusieurs *gadjés* sont venus, même s'ils connaissent mal nos coutumes et nos chants. Ils prient Dieu, eux aussi. La chandelle, toujours la même, doit brûler jusqu'à la fin. Puis, avant de quitter le salon funéraire, on doit se laver les mains pour éviter de rapporter des esprits négatifs à la maison.

Un repas est partagé en famille trois jours après le décès, puis une semaine après, puis trois mois, puis six mois, et lors du premier anniversaire de la mort du disparu. On fait une cérémonie avec de l'encens, comme à l'église, puis on mange, mais on ne garde rien de ce qui reste sur la table.

Une personne prend la parole et nous rappelle la vie de Tâté, ses bonnes actions, et lui demande de nous protéger, nous, les vivants. À la fin du repas, on chante et on danse en son honneur, comme quand il était parmi nous. Je crois en effet que son âme nous visite, car il règne, lors de cette rencontre, une ambiance extraordinairement triste et chaleureuse à la fois. Les mélodies gitanes ont le pouvoir magique de traduire les émotions les plus

---

25. En manouche : Qu'il aille au paradis.

déchirantes. Je suis si émue que j'ai du mal à m'en remettre. Mon deuil me semble interminable.

Normalement, la mort n'est pas une chose triste dans le clan, mais ma douleur ne veut pas s'effacer. Pour un nomade, la mort, c'est se remettre sur la route, reprendre son voyage. Je suis pourtant forte, mais le fait d'avoir vu Tâté couché dans son cercueil m'a donné envie de me laisser glisser à mon tour au sein de cette terre où il dormira éternellement. Je n'aime plus ma vie. Je souffre de tant de blessures que je n'arrive pas à les nommer. Mes larmes ont le goût amer de la nostalgie d'une vie jamais vécue.

Tâté m'a échappé et je suis plus seule que jamais auparavant. Je passe des jours à l'appeler, tellement je m'ennuie de sa présence. Plus rien d'autre ne compte pour moi…

Chapitre XIX

La fuite

Mon retour auprès de mon mari, combiné à ce chagrin qui ne me quittait plus depuis la mort de Junior, faisait gonfler en moi une haine farouche.

«J'ai vécu avant toi, lui lancé-je en le défiant du regard. Mon oncle Alain vient de mourir. Il vivait en Floride et je vais y aller. Personne ne va m'en empêcher.

– Tu n'iras pas loin sans argent, me répond Joey pour me dissuader de partir.

– Je te répète que je peux vivre sans toi. Si je reste avec toi, c'est parce que tu es mon mari, mais tu ne m'empêcheras pas d'aller voir mon oncle et ma famille. »

A-t-il lu dans mes pensées à cet instant? Je voulais le quitter, cet homme possessif qui me gardait sous sa coupe depuis deux ans. Quoi qu'il en soit, il me saute à la gorge et veut m'étrangler. Ma colère décuple mes forces et je lui flanque un coup de genou dans le bas-ventre. Il est plié en deux de douleur et j'en profite pour me sauver avant qu'il me tue.

Je prends mon *sucoraso*[26] et le fourre dans mon sac à main, puis je me précipite dans la rue et saute dans un taxi pour l'aéroport. Je

---

26. En manouche: Mon trésor, mes économies. En l'occurrence, mes bijoux.

rentre chez moi, à Montréal ! Tout au long du trajet, je me retourne sans cesse, de peur d'être suivie. Puis je me rends compte que je n'ai aucune pièce d'identité sur moi et que je n'ai pas assez d'argent pour m'acheter un billet d'avion.

Une fois à l'aéroport de New York, je suis complètement désorientée et me réfugie dans les toilettes. Je me regarde dans une glace et je réfléchis. Comment faire, sans passeport et sans argent ? Je me prends la tête à deux mains, désespérée. J'ai peur. Des femmes me voient et pensent que je suis malade. Je ressors des toilettes en courant et je me mets à hurler dans le corridor.

« Au secours ! Un homme vient de me voler, mon portefeuille et mon passeport ! Au secours ! »

Les agents de sécurité accourent. On me presse de questions.

« Comment était cet homme ? Pouvez-vous le décrire ? »

Je dis qu'il était grand, plus de six pieds, tout de noir vêtu, et qu'il m'a bousculée pour me dérober mon sac de voyage.

« Je dois absolument partir. Il y a eu un accident dans ma famille. Je dois prendre l'avion tout de suite pour Montréal, ma mère est peut-être en train de mourir, mais je n'ai plus d'argent.

– Aviez-vous une réservation ? me demande l'un des agents.

– Non, mais j'avais l'argent dans mon sac de voyage avec mes papiers. Aidez-moi ! »

Les agents ont rempli un formulaire. Je pleurais en leur donnant les renseignements nécessaires. Ensuite, ils m'ont escortée jusqu'à la douane. Je suis passée sans être fouillée ni même interrogée. Ils m'ont laissée appeler Mamo et elle a payé mon billet.

« Nous vous contacterons si nous capturons le voleur. Bonne chance ! »

Je serrais contre moi mon précieux sac à main, car c'est tout ce qui me restait pour refaire ma vie. Et je suis rentrée à Montréal.

Pendant de longues heures, j'ai réfléchi à mes intentions. Joey allait-il changer ? Il disait m'aimer, pourtant il était violent et manipulateur. Plusieurs fois, je lui avais dit des mots marquants.

«Le seul homme qui m'a battue dans ma vie, c'est mon père, et il est mort. Lui, c'était par autorité. Toi, tu ne me toucheras plus. Plus jamais. »

Mais il revenait toujours à la charge, se mettait en colère pour un oui ou pour un non. J'avais pris la bonne décision.

Mamo, qui savait que Joey avait tenté de m'étrangler, m'a prise dans ses bras dès que je suis arrivée chez elle.

«Au moins, tu es vivante ! Aussi longtemps que je vivrai, tu auras ta place dans ma maison. Je ne laisserai jamais un homme te battre. Je suis là pour te protéger. »

Chapitre XX

Le trou

J'ai fini par recevoir mes boîtes de vêtements, des souvenirs que je trouvais maintenant sans importance. Mais je portais désormais le poids de l'échec de mon mariage. En outre, je n'étais plus vierge, donc je ne valais plus grand-chose. Personne ne voulait d'une telle femme dans ce milieu si puritain et si macho. Je me sentais sale et vieille. Je n'avais pourtant que vingt et un ans.

Depuis mon retour à Montréal, j'étais constamment droguée. Je sortais tous les soirs. Mamo se mettait en colère et m'exhortait à travailler, mais je me laissais couler. Je lui mentais aussi au sujet de mes gains. Un jour, une cliente m'avait donné plusieurs milliers de dollars, et j'ai plutôt dit à ma mère que j'en avais gagné quelques centaines seulement. Elle a tout pris, sauf un billet de cent dollars. Plus tard ce soir-là, quand je suis rentrée, Mamo était furieuse.

«Tu m'as menti! Combien la cliente t'a-t-elle donné? Dis la vérité ou tu iras en prison!

– Qu'est-ce qui se passe? Pourquoi es-tu en colère?

– La dame est revenue avec son mari. Elle veut son argent, et dès demain, sinon ils porteront plainte!

– Je l'ai dépensé, cet argent. J'en avais besoin pour payer mes dettes…

– Une droguée, une voleuse, une menteuse! Voilà ce que tu es devenue! Ton père, lui, t'aurait remise à ta place! Il t'en aurait flanqué toute une ! Mais cette fois je ne te défendrai pas, comme je le fais depuis toujours. Espèce d'ingrate !

– Junior m'aimait ! Et je l'aimais aussi !

– Je pense qu'il t'a reniée. Tu ne te conduis pas comme une Rom digne de ce nom. C'est toi qui l'as tué. Je ne te le pardonnerai jamais.

Je suis désolée, lui ai-je répondu, blessée par ce qu'elle venait de me révéler.

– Tu es la honte de la famille. Toute notre parenté et nos amis t'en veulent. Tu vas corrompre leurs enfants, tu es un mauvais exemple pour les jeunes. Ta conduite n'est pas digne des gitans ! »

J'en avais assez entendu. Je me suis retrouvée dans la rue, en hiver, avec seulement mon manteau sur le dos. Pas un sou en poche. Pas d'endroit où dormir. Pas d'amis, sauf des dopés pires que moi. Un junkie m'a reconnue et m'a emmenée à l'hôtel. Au matin, nous sommes partis sans payer. Il volait pour s'acheter de la coke. J'avais besoin de lui, mais je savais que je ne pouvais compter sur personne.

Évidemment, quitter ma famille, m'éloigner de la maison du boulevard Henri-Bourassa où j'avais passé une grande partie de ma jeunesse, c'était comme jeter tout mon passé à la poubelle.

J'ai fini par dénicher un appartement dans un vieil immeuble crasseux. Un petit deux et demie, rue Saint-Marc, au treizième étage. Aucun gitan n'aurait pu louer cet appartement, à cause de la peur superstitieuse du nombre 13, mais j'étais si rebelle que j'ai même adopté deux chats noirs. Je n'avais peur de rien puisque je n'avais plus rien. J'avais tourné le dos aux gitans, je ne parlais plus du tout à ma famille.

Je vivais au jour le jour dans cette tanière. J'avais trouvé quelques meubles pas trop moches à l'Armée du Salut. Des voisins m'ont aidée à les hisser avec des câbles, car ces meubles ne passaient pas dans l'escalier trop étroit ni n'entraient dans l'ascenseur. Ma vie était tellement chaotique que je ne mangeais qu'un jour sur deux. Alors les efforts pour aménager mon nid me prenaient toute mon énergie.

«Depuis quand t'as pas mangé? m'avait demandé une dame du troisième étage. T'es blême comme le mur...

– Je n'ai rien à manger. Et je n'ai pas d'argent. Est-ce que je pourrais juste appeler ma mère?»

La dame m'a fait entrer chez elle et j'ai pu téléphoner à Mamo. J'avais beau la supplier de m'envoyer un peu d'argent, en attendant que je me remette à dire la bonne aventure, elle demeurait intraitable. La dame a alors remarqué ma bague.

«Cette bague doit bien valoir cent dollars. Si tu veux, je la prends en gage. Quand tu pourras me rembourser, je te la redonnerai. Comme ça, tu pourras manger.

– D'accord, c'est équitable, merci.

– Si tu prenais moins de drogue, tu pourrais manger, m'a-t-elle dit en me tendant un verre d'eau.

– Eh bien, quand je serai connue, je n'aurai plus ce problème... Mon film sera un succès... Et j'ai aussi deux chansons qui passeront à la radio...

– Faudrait quand même que tu manges, ma belle, en attendant le succès! Des fois, c'est long, percer dans cette jungle...»

Mᵐᵉ Bigoudi, comme je l'appelais, était gentille malgré tout. Elle ignorait que j'avais fait des films... et que je disais la bonne aventure pour me payer de quoi fêter très tard, nuit après nuit. Oublier mes cauchemars, oublier le clan, oublier que j'avais du mal à m'aimer sans la drogue. Gypsy était tout autre... Elle avait, elle, toutes les audaces. Ma doublure n'avait jamais peur de rien. Les hommes lui obéissaient au doigt et à l'œil. Elle aimait les croquer à belles dents, puis les jeter comme des trognons de pomme.

En marchant, un soir, j'ai aperçu mon image dans une vitrine: j'étais sale, j'avais vieilli prématurément. Une vraie loque. Ma volonté s'est alors réveillée. Moi, Dolly, je ne pouvais pas vivre dans une telle misère, dans une telle médiocrité. Cette nuit-là, j'ai marché, réfléchissant aux moyens de redevenir une meilleure personne. Je devais me ressaisir, changer d'attitude.

Le lendemain, j'ai trouvé des clients pour leur dire la bonne aventure. J'ai remboursé peu à peu mes voisins et, à force de travailler, j'ai pu effacer en quelques mois mes dettes de drogue. Cependant, je consommais encore. Plus qu'avant, même. L'argent que je gagnais me permettait de m'offrir cette compensation, cette fausse impression de liberté. J'étais devenue une professionnelle de la fraude. J'ai empoché une fortune cette année-là.

J'ai acheté une auto, des bijoux, des fourrures, des vêtements luxueux, résolue à ne plus jamais vivre dans la pauvreté. Pour m'amuser, j'écrivais parfois mon nom sur des billets de banque et je les voyais revenir après quelques semaines. Tous les luxes m'attiraient, de la limousine jusqu'au caviar, et mes amis étaient des parvenus, des millionnaires. Un soir, en rentrant dans mon luxueux appartement, j'ai compté mes chaussures. J'en avais cent trente-cinq paires. J'ai ri toute seule et j'ai bu à mon succès ! J'avais vingt-deux ans.

J'avais maintenant une femme de ménage et je menais une vie de vedette internationale. Tous les clubs à la mode me connaissaient. Je ne faisais jamais la queue pour y entrer. Quand j'approchais d'une boîte de nuit, je téléphonais et on m'accueillait avec gentillesse, avec respect, comme si j'avais été une grande dame. L'argent ouvre toutes les portes. En gitan, nous disons qu'il parle pour nous. Dans ce monde artificiel, j'avais l'impression que c'était Noël tous les jours – et tous les soirs la Saint-Sylvestre. J'aimais cette vie étourdissante. Je ne me souciais pas du lendemain, du moment que j'avais de l'argent et du plaisir. Néanmoins, malgré l'abondance matérielle, je me sentais très pauvre… Après tout, je vivais seule, et j'avais l'impression que le monde entier m'en voulait.

Un soir que je déambulais sur le boulevard Saint-Laurent, j'ai eu l'idée d'aller danser dans un club renommé. La file d'attente tournait le coin et se prolongeait loin dans la rue Prince-Arthur.

J'ai garé ma décapotable devant une borne-fontaine. Je me fichais bien des contraventions ! Soudain, un homme dans la file me crie que je n'ai pas le droit de me garer à cet endroit. Je le regarde à peine et je poursuis mon chemin, hautaine et résolue.

« Pour qui tu te prends ? ajoute-t-il en me bousculant.

– Te mêle pas de mes oignons ! »

J'entre en coup de vent dans le club, en passant devant tout le monde et en saluant le *doorman*.

« Bonsoir, Bob. Une table pour moi, et de quoi boire.

– *Yes, baby*, tout ce que tu veux… »

Je bois mon verre et je parle avec des amis. Une vingtaine de minutes plus tard, je décide d'aller ailleurs. Je paye gentiment, laisse un généreux pourboire, comme d'habitude, et je sors.

Le gars de tout à l'heure est toujours dans la queue et m'interpelle de nouveau.

« T'es une vraie *bitch*, toi ! Tu penses que le club est à toi, peut-être ?

– Laisse-moi tranquille.

– Crisse que t'es bête. Chiante comme ça, j'ai jamais vu ça ! Décrisse donc, tabarnac de *fuckée* ! »

Je le regarde sans rien dire. Il rigole avec ses copains. Je me mets au volant de ma décapotable et, sans le quitter des yeux, j'ouvre la boîte à gants. Il y a un (faux) pistolet dedans, que je garde au cas où l'on voudrait m'emmerder. Je ne le prends même pas dans ma main, ce jouet. Mais le gars l'a bien vu et il blêmit. Sur ce, je démarre sans me retourner.

Un peu plus loin, je m'arrête de nouveau et me gare correctement. J'entre dans un autre club. « Ici, me dis-je, personne ne va me faire chier ! » Je bois, puis je danse, et je fais la connaissance d'Andrew qui, visiblement, veut tenter sa chance.

« Oublie ça. Tu n'as aucune chance avec moi. Je suis une *gypsy queen* et j'ai tout ce que je veux. Et toi, je ne te veux pas ! »

Comme il me colle malgré tout, je décide de partir. Je descends les escaliers comme une reine. Je me sens comme un personnage plus grand que nature. Superbement belle, mais si mal dans sa peau que toutes les drogues ne suffisent pas à faire taire son mal-être.

Je marche avec insouciance jusqu'à ma voiture. Je pousse la clé dans la serrure, puis j'éprouve une sensation bizarre. On dirait que quelqu'un m'a suivie...

« Les mains en l'air et pas de mouvements brusques ! » dit un homme dans un porte-voix.

Je me retourne et j'aperçois une dizaine de policiers, leurs armes braquées sur moi.

« Qu'est-ce qui se passe ?

– Il est où, le morceau ? L'as-tu sur toi ?

– De quoi parlez-vous ? Du jouet dans la boîte à gants ? C'est une farce !

– On ne rit pas... Ton nom ?

– Marie-Rose Bastien, dis-je, reprenant mon nom de baptême.

– Marie-Rose Bastien, vous êtes en état d'arrestation. »

Ils me menottent et me conduisent au poste. J'y passe la nuit, sans couverture, sur un banc glacial, sans manger ni boire. Toute ma vie défile dans ma tête. Je n'ai jamais ressenti un tel isolement ni un tel dégoût de moi-même. Je me dis sans arrêt : « Personne ne viendra te sortir de là. Dolly va mourir toute seule dans son trou. » Comme un animal prisonnier de sa cage, je ne peux pas voir que mon problème est en moi.

PARTIE V

Vivre et mourir

La bague en or que Lucien a volée me fascine. Elle me rappelle celle de ma grand-mère. Je lui demande de me la donner et il entre dans une colère épouvantable.

«T'es folle! Si on relie cette bague au vol chez Jewels, je finirai en prison!

– Je la veux, tu m'entends! Ça fait des mois que tu vis ici, à mes crochets. Cette bague compensera pour tout ce que je t'ai donné. Je la garde.

– Jamais de la vie. J'ai un autre plan pour te rembourser. Mais cette bague doit disparaître. Donne-la-moi! insiste-t-il en tentant de l'enlever de mon doigt.

– Non! Tu devras me couper le doigt si tu la veux!»

Il passe sans arrêt la main dans ses cheveux. Les yeux que j'appréciais pour leur intensité sont devenus menaçants. Irait-il jusqu'à la violence pour reprendre ce bijou? Une lueur terrible me fait douter de cet homme au passé nébuleux. A-t-il déjà tué quelqu'un? Il en est capable, de toute évidence.

«Ne me provoque pas... Tu le regretterais, dit-il en détachant chaque mot.

– Je veux garder cette bague. Je te jure que je ne te trahirai pas.»

Lucien va à la cuisine et revient avec un couteau de boucher et une planche à découper. Il dépose le tout sur la table et augmente le volume de la musique. Puis il me saisit le poignet avec une force inouïe, insoupçonnée.

«Lâche-moi! Tu me fais mal!»

Chapitre XXI

La parole donnée

« Je suis libre ! » Lorsque ma libération est prononcée, en attendant mon procès pour possession illégale d'une arme à feu, je me sens comme une lionne prête à dévorer chaque seconde de sa vie. J'ai le goût de m'éclater. Je reprends ma vie de star où je l'avais laissée. Je suis devenue membre de l'Union des artistes et je fais plusieurs séances de photos professionnelles. En plus des défilés de mode, souvent couverts par les grands magazines, je participe à des émissions de radio ou de télé. J'existe enfin ! Mon portfolio renferme des photos et des articles qui font ma fierté. Les murs de mon appartement témoignent de mon ascension. La grande vedette qui est la honte de sa famille va réussir sa carrière. Elle sera un jour une artiste respectée, une reine du *show-business*.

La consommation de drogue est devenue une habitude dont je ne peux me passer. Cette euphorie artificielle m'entraîne dans une rumba étourdissante. Je passe mes soirées dans les clubs les plus en vue avec le sentiment que cette popularité m'apporte quelque chose d'important. J'aime l'ambiance des boîtes à la mode, car le rôle que j'y tiens me dispense de rechercher ce que je suis vraiment. La vraie Dolly est mise en veilleuse, mais ses blessures se manifestent en sourdine.

Depuis que le roi des gitans est mort, le clan subit des soubre-sauts et le chaos s'installe. Bien que j'aie décidé de ne plus voir la famille, je constate les déboires qui accablent les uns et les autres. Bobby vit des heures difficiles, en prison pour la énième fois. Mamo m'a dit qu'il a fait une *overdose* et me demande de faire un effort pour aller le voir.

«Tu vas trouver les mots qu'il faut pour l'encourager, me dit-elle avec une grande tristesse dans la voix.

– Il ne veut plus vivre. Pour le sortir de là, je ne suis pas la bonne personne.

– La famille a encore besoin de toi, même si tu préfères nous ignorer. Rappelle-toi ce qu'on a fait pour toi et ne sois pas ingrate. Tends-lui la main, c'est ton frère…»

Il est vrai qu'en prenant mes distances, je me rendais coupable d'ingratitude. Et ma mère me rappelait que j'avais des devoirs envers le clan, quoi que j'en pense. La culpabilité commençait à me peser et j'ai décidé d'aller voir mon frère en prison.

Il était méconnaissable, lui qui avait toujours eu si fière allure. Avec ses traits creusés et son incroyable maigreur, il ressemblait à un de ces affamés du tiers monde qui nous tirent des larmes. Lorsqu'il m'a vu, derrière la vitre, il a perdu son air hébété.

«Dolly, ma petite sœur! Tu ne sais pas comment ça me fait plaisir!

– Mamo a bien raison d'être inquiète. Tu ne vas pas bien… Qu'est-ce qui t'arrive?

– L'enfer, c'est ici! Je n'arrive pas à me dire que la vie en vaut encore la peine.

– Il faut aller en désintox. C'est ta seule chance.

– Tu sais, depuis le Pérou, je n'ai jamais pu m'en tirer. Le clan ne pardonne pas. Autrefois, Tâté était le chef et nous étions à l'abri, mais aujourd'hui je ne peux plus compter sur personne.

– Personne, sauf moi. Il faut essayer. J'ai juré à Mamo de te tendre la main et je ne te laisserai pas tomber. Je vais revenir te voir dans deux semaines. Faut te battre!»

Il a essuyé une larme, lui, le gars qui ne pleurait jamais. Mes bonnes intentions ont alors repris le dessus. Comme j'étais la plus jeune et sans doute celle qui réussissait le mieux, je n'avais pas le droit d'être égoïste et d'ignorer ce qui arrivait à mes frères et sœurs.

J'ai donc demandé des nouvelles à Mamo tout en la rassurant : je resterais proche de Bobby pour l'aider à sortir de prison, car il se sentait très seul et il était malade.

« Tes sœurs dérivent de plus en plus. Une chance que Tâté ne voit pas ce que sa famille devient. Il ferait toute une colère. Crois-tu que tu peux les aider, sans que ça paraisse ? Elles sont si orgueilleuses !

– Je vais voir ce que je peux faire. »

Il m'a fallu quelques jours pour imaginer ma mission : réunir mes sœurs et les aider à se sortir de l'enfer de la drogue. J'ai consulté un pharmacien *pusher*, qui opérait en toute légalité à Montréal, pour savoir ce qu'il me fallait pour une cure rapide. Il a réuni en quelques jours de quoi faire le plus gros *party* qui soit, mais il a ajouté notamment des substances calmantes pour amener les filles à dormir, et des pilules qui ralentissent les battements du cœur, ce qui faciliterait le sevrage.

J'allais enfin pouvoir les retrouver, renouer avec elles des liens de complicité en souvenir du passé. Heureusement, j'avais les moyens de mes ambitions. J'ai donc loué un grand chalet dans les Laurentides et j'ai apporté la bouffe, les consommations, et tout ce qu'il faut pour une retraite fermée. Puis je suis allée les chercher à Montréal. Sofia avait quitté son mari et ses trois enfants pour mener une vie d'errance dans sa ville natale, alors que Lynda pataugeait entre deux hommes, à la dérive comme jamais auparavant.

« On va passer un super beau moment ici. Vous pouvez vous reposer et on va parler, comme dans le bon vieux temps.

– J'ai du mal à croire que j'ai été mariée de force et qu'après avoir mis trois enfants au monde, je suis en train de devenir une loque, dit Sofia, amère. Si j'avais su cela, je me serais révoltée bien avant. Tâté a gâché ma vie en me vendant à cet affreux mari américain.

– Moi, dit Lynda, j'ai défié la loi du clan en épousant Antonio. Il me promettait mer et monde, le maudit macho ! Il couchait avec toutes les femmes qu'il croisait. Après l'avoir laissé, j'ai pris soin de mon fils et j'ai connu la misère, année après année, comme l'avait prédit Tâté. Je pense que notre destinée était maudite, autant la tienne que la mienne.

– Il n'y a pas que les filles qui ont des problèmes, dis-je pour évoquer ma visite à Bobby. Je pense que la drogue est en train de nous détruire tous et toutes.

– Personne n'a le courage de vivre sans drogue, mais pour en avoir il faut de l'argent. La spirale nous aspire. Toi, tu as de la chance, ta carrière va bien et tu n'as pas fait la bêtise d'avoir des enfants.

– Je prenais la pilule en cachette et c'est ce qui a enragé Joey quand il l'a appris. Ce jour-là, j'ai fui pour sauver ma peau. J'ai menti en disant qu'il y avait eu un décès dans ma famille, sinon, il m'aurait tuée. Par la suite, j'ai aussi eu ma part d'ennuis. J'ai même passé plusieurs nuits en prison. Mais je veux vous aider. On va toutes les trois s'engager à abandonner la drogue. Pendant les quatre prochains jours, on fait un sevrage, et après on se prend en main. Une nouvelle vie va commencer.

– Moi, dit Lynda, je veux bien arrêter, mais je ne sais pas comment je vais vivre après. Je n'ai pas de métier.

– C'est aussi mon problème, dit Sofia. Arrêter, ce n'est pas difficile, mais redevenir une fille honorable, c'est plus compliqué.

– Je vais vous aider. Vous faites l'effort d'arrêter, ici et maintenant, et, de retour à Montréal, je vous trouverai du travail.

– Dolly, tu es un ange ! s'est exclamé Lynda. Je te promets de tout faire pour m'en sortir.

– Moi aussi, a dit Sofia, je veux vraiment me donner une seconde chance. Si tu m'aides, je crois que je vais y arriver. »

La thérapie commençait donc sur l'engagement de mes sœurs à renoncer à la drogue, mais la première nuit de sevrage a été douloureuse : les souvenirs qui remontaient à la surface étaient faits de révolte, de colère, de frustrations indescriptibles. Les consommations allégées ont fait place aux médicaments destinés à rendre la privation plus supportable. Heureusement, les crises de larmes et les éclats de voix ne pouvaient alerter les voisins. De la rage remplie d'amertume à cette brûlure intense qui nous dévorait les entrailles, chacune a eu droit aux vertiges, à la nausée, aux pertes de la partie logique du cerveau, comme si le corps se consumait sans que la tête ne prenne plus de décisions qu'au nom de la survie de l'habitude, se dissociant de la peur de la mort. Le chalet devenait une sorte de bateau où la famille se retrouvait pour guérir ses blessures. Vers trois heures du matin, Lynda est sortie dehors, nue, pour aller se jeter dans la rivière. Elle voulait en finir, mais j'ai réussi à la sauver avant qu'elle se noie. Une fois de retour dans le chalet, nous l'avons séchée, puis elle s'est endormie.

J'ai beaucoup parlé avec mes sœurs, allant même jusqu'à leur confier comment Antonio m'avait violée lorsque j'avais douze ans, quand j'étais allée garder Victor. Leurs confidences étaient tout aussi bouleversantes. La solidarité qui nous rapprochait avait un nom : Mamo. Celle qui avait tout donné à sa famille méritait que ses enfants fassent tout pour qu'elle soit fière d'eux. J'étais émue devant ces femmes que j'avais admirées durant toute mon enfance et ma jeunesse. Et le fait de les aider à quitter la dépendance à l'alcool et à la drogue m'a fait, à moi aussi, un bien profond. Je valais quelque chose, parce que je pouvais aider les autres.

Au moment de quitter le chalet, nous avons pris des photos. Lynda et Sofia ont alors promis solennellement de ne plus retomber dans cet enfer.

« Dolly, a dit Sofia, tu nous as sauvé la vie, tu sais.

– Nous ne l'oublierons jamais », a dit Lynda.

Sur le chemin du retour, je me suis rendu compte que mes sœurs n'avaient rien de convenable à porter. Je refusais de les voir entreprendre une nouvelle vie avec des vêtements négligés. Je leur ai proposé de passer chez moi pour prendre dans ma garde-robe ce qui leur plairait, et ç'a été l'une des plus belles pages de cette aventure. J'étais heureuse comme une enfant de les voir s'habiller chic, choisir des colliers, des bagues, des souliers assortis aux tenues, de se maquiller et de se coiffer comme des stars.

« Et si nous allions souper ensemble, pour fêter ça », a proposé Lynda.

Nous sommes allées nous réfugier dans un excellent restaurant. Nous avions l'air de trois femmes libérées de tout : pas de maris, pas d'enfants, plus de dépendance, et une nouvelle vie à notre portée.

Comme il se faisait tard, j'ai remis les clés de ma voiture à Sofia et je lui ai dit de me la rapporter le lendemain. Moi, je suis rentrée à pied, heureuse d'avoir fait la meilleure action de ma vie !

Or, le lendemain, je n'ai pas revu mes sœurs, ni au cours des semaines suivantes. Elles ont trahi leur promesse, sont parties avec ma voiture, mes bijoux, mes fourrures et mes vêtements les plus chers. Mamo n'a jamais su ce que j'avais fait pour les sortir du ruisseau, pour les aider à redevenir des femmes libres et abstinentes.

Cet échec a été très difficile à accepter. Le mépris de mes sœurs m'a enfoncée dans un sentiment de médiocrité. L'argent me tenait lieu de personnalité. J'avais été si naïve de croire que je pouvais aider les autres ! Mes sœurs s'étaient bien moquées de ma grandeur d'âme. Leur seule intention était de profiter de moi et non de se réhabiliter. Elles avaient joué la comédie et maintenant elles se montraient en public avec mes vêtements. Peu après, elles ont tout vendu pour se payer des doses à ma santé.

C'est alors que j'ai pris la décision de me concentrer sur ma propre réhabilitation. Non, je ne serais plus la victime d'une trop bonne intention ! Et je n'en ai pas touché un mot à celle qui espérait tant que je sauve la famille.

Chapitre XXII
La folie qui couve

J'ai poursuivi ma vie avec un nouveau sentiment de solitude. Aucun membre de ma famille ne valait désormais la peine que je m'en soucie. Bobby allait sans doute s'en tirer par lui-même, car il avait de nombreux amis qui pourraient l'aider le jour où il sortirait de prison. Évidemment, s'il m'appelait, je ne lui fermerais pas ma porte, mais je saurais me protéger des abus.

Mon attitude s'était durcie face aux hommes. Je préférais jouer le rôle de celle qui ne s'attache à personne, pour mieux dominer sans souffrir. J'aimais soumettre les hommes à mes caprices, les manipuler à ma guise, les regarder inventer des moyens de m'impressionner. J'affichais en public une telle confiance en mes charmes qu'un soir, recevant un verre d'un inconnu, je lui ai fait servir, en guise de réplique, une bouteille de champagne. Cet homme, qui s'appelait Lucien, a saisi l'occasion pour m'inviter à danser et m'a dit en roucoulant qu'il n'avait aucun endroit où dormir. Il a donc passé la nuit dans mon appartement... Et il n'est plus reparti!

Lucien a quinze ans de plus que moi et me regarde avec des yeux remplis de mystère. Il n'est pas beau, mais son intensité, son intelligence et sa façon de prendre soin de moi me le rendent attachant.

«Je ne serai plus jamais la propriété d'un homme, lui ai-je dit dès le premier jour. Tu dois le savoir. Je refuse la soumission. Ma liberté n'est pas négociable. Je suis une gitane!

– Je ne te demande rien. Laisse-moi t'aimer, tout simplement. Seul le présent m'importe. Mon cœur est grand, tu vas l'apprécier avec le temps. »

Je ne suis pas amoureuse de lui, mais sa présence me rend plus sereine. Je trouve en lui un défenseur et un protecteur qui me jure son amour tous les jours et qui rend possible la réalisation de mes plus grandes folies toutes les nuits. Au fil des mois, j'ai appris qu'il avait quitté sa femme asiatique et sa fille de douze ans sans les prévenir. Il avait fait de la prison, mais j'ignore pour quel délit. Il n'avait rien à lui. Son passé obscur n'a jamais été élucidé. Pour me fournir de la drogue, il a organisé un spectaculaire vol de bijoux. J'admirais son intelligence, sa dextérité et sa détermination. Il avait une technique parfaite pour entrer, voler et repartir tel un félin, sans laisser de traces.

Lucien jouait aussi le personnage du philosophe positif qui voulait faire de ma vie un succès. Il avait une pureté d'âme qui me touchait, et notre relation s'est tissée sur des *high* et des *down* dramatiques. Après le vol des bijoux, nous avons fait la fête sans compter. Le jeu, la consommation effrénée et les folies improvisées n'ont duré qu'un moment, ensuite nous sommes retombés dans l'instabilité financière. Nous étions redevenus pauvres, sans revenus fixes, et mon désir de luxe était de plus en plus insatiable. Il a fini par liquider sur le marché noir tout ce qu'il avait volé, sauf cette bague en or que je réclamais comme un dû. Nous avions tous les deux une telle détermination que l'inévitable affrontement s'est produit.

Cette nuit-là, j'aurais pu voir qu'il avait le comportement d'un psychopathe, mais j'ai lentement retiré le bijou de mon doigt pour le lui remettre. Je me soumettais, parce qu'il m'avait fait vraiment peur.

« Je vais la revendre et t'en offrir une plus belle, m'a-t-il juré après avoir retrouvé son calme. Après onze ans de prison, je ne veux plus jouer avec le mauvais sort. Je sauve ma peau !

– Pourquoi as-tu été emprisonné ? Vas-tu me le dire enfin ?

– Jamais ! Moins tu en sais, plus tu peux vivre longtemps.

– As-tu tué quelqu'un ? Puis-je avoir confiance en toi ?

– À toi, je ne ferai rien, parce que je t'aime, mais mes ennemis savent que ma colère est infinie. Certains ont payé de leur vie.

– Tu m'effraies… Je n'aime pas ce côté de toi. C'est comme si tu étais soudainement devenu mon ennemi, à cause d'une bague. Du coup, je ne me sens plus en sécurité avec toi.

– Dolly, tu sais à quel point je tiens à toi, plaide-t-il. Crois-moi !

– Je te demande de partir. Je te donne trois jours pour ramasser tes affaires, pas un de plus. »

Lucien est anéanti. Il se met à trembler pendant qu'il glisse dans une pochette de velours la bague en or qui a eu raison de notre alliance.

« Si je pars, tu ne sais pas tout ce que tu risques de perdre, dit-il sur un ton de menace. Tu vas mourir pour quelque chose ! »

Je vois soudain toute sa colère, toute la haine qui noircit son esprit, toute la rancœur d'un homme blessé.

« Tout est fini entre nous. Terminé ! Je pars quelques jours et, à mon retour, je ne veux plus te voir ici. Ni ailleurs. Adieu, Lucien ! »

Chapitre XXIII

Le X de la honte

Mon nouvel ami Andrew m'a accueillie à bras ouverts. Ces trois jours de vacances chez lui m'ont fait du bien. J'ai le sentiment que le départ de Lucien me permettra de reprendre ma carrière en main. M'occuper de moi devient ma priorité. J'ai un tel désir de réussir sur la scène artistique que je me sens prête à relever de nouveaux défis.

En rentrant dans mon appartement, je sens que quelque chose n'est pas normal. Tout est sombre. En allumant, je vois d'abord mon poster, celui qui a été publié dans le magazine *Elle Québec*, brûlé à certains endroits de mon visage. Lucien a écrit sur mon front : LE PASSÉ EST MORT. Je regarde mes autres affiches et toutes sont couvertes de graffitis menaçants. Je suis anéantie. Mes plus belles preuves de succès, il les a ruinées. Ma carrière, qui fait ma joie et ma raison de vivre, il la traîne dans la boue. Et il n'a pas quitté les lieux. Il s'est caché dans l'ombre et me regarde pleurer…

« Je te l'avais dit, que je te tuerais ! La voilà, ta carrière ! Tu n'es plus rien sans moi !

– Tu perds la tête ! Je t'ai dit de partir. Tu es mon ex… Tu n'as plus rien à faire ici. Va-t'en ! Je te hais. Tu as détruit mes plus beaux souvenirs… »

Je m'enferme dans ma chambre en espérant que Lucien va faire ses valises. Je veux seulement m'endormir pour oublier ma peine, comme lorsque j'étais une enfant, bouleversée de devoir constamment me battre pour prendre ma place. Comme le soir du viol, la honte me remonte jusque dans la gorge.

Le lendemain matin, aux premières lueurs du jour, je sursaute. J'ai mal... Je porte une main à mon front et j'ai du sang sur les doigts.

Lucien est là, une lame de rasoir à la main. Il rit comme un malade...

«Ton ex... très drôle.»

Je me lève et me regarde dans une glace. Sur mon front, Lucien a tracé un X avec la lame de son rasoir. J'ai le visage en sang. Je crie. Je pleure. Je suis paniquée. Défigurée. Je veux me sauver. Son rire dément me transperce.

«Tu ne pourras jamais plus faire ta belle! Ta vie est finie. Ce X est la marque de ta honte, ta sentence pour le reste de ta vie.

– Fous le camp. Disparais de ma vie!»

Mais c'est moi qui fuis, et lui reste planté là avec la lame entre les mains.

Je me précipite dans les escaliers et vais frapper à la porte des concierges de l'immeuble. La dame reconnaît ma voix et m'ouvre.

«Aidez-moi, s'il vous plaît. Mon ex veut me tuer!

– Entre. Ici, il ne pourra pas toucher à un cheveu de ta tête», dit la dame en m'entraînant dans sa salle de bains.

Elle examine la blessure, éponge le sang, me rassure.

«C'est une coupure superficielle. Comme un dessin au crayon. Dans une semaine, rien ne paraîtra plus. J'ai un onguent qui fait des miracles.

– Vous êtes sûre? Je pense qu'il m'a défigurée pour toujours...

– C'est le gars qui habite avec toi qui a fait ça? demande-t-elle en ouvrant un bocal rempli d'une substance gélatineuse.

– Oui, je veux qu'il parte, mais il refuse de me laisser tranquille. Il va me tuer. Je suis sûre qu'il a déjà tué quelqu'un et j'ai peur de lui. Il a saccagé mon appartement.

– Reste ici et repose-toi. S'il n'est pas parti à midi, j'appellerai la police. »

Je me détends un peu et m'assoupis sur le sofa. La douleur au front se dissipe, mais je fais un terrible cauchemar : je meurs au bout de mon sang sur un parking sombre et froid. J'ai beau crier, personne ne vient à mon secours.

En me réveillant, je n'ai plus qu'une pensée : sauver mon portfolio. Je me précipite vers mon appartement, mais je n'ai pas mes clés pour entrer. Je le supplie de déverrouiller la porte. Je gueule tellement qu'il finit par m'ouvrir.

« Où sont mes photos ?

– Le passé est fini. Tes photos, je les ai brûlées. Tu les retrouveras le long de la route qui mène chez ton amant. »

Dans ma chambre, mes vêtements sont tous dans des sacs à ordures. Mon portfolio n'est plus là.

« Ton passé est mort. Toi aussi. »

Je redescends chez la concierge et lui demande d'appeler la police. Puis je me sauve avec la voiture de Lucien. Je longe la route 116 en regardant partout, dans les terrains vagues, à la recherche de mes photos. J'en trouve des lambeaux çà et là, puis, dans un champ, je me rends compte de sa folie. Il a fait brûler toutes mes affaires, dont mes plus beaux vêtements, et il ne reste que des débris à moitié calcinés de mon portfolio.

Je me réfugie chez Andrew qui me rassure. Évidemment, comme Lucien est encore en période de probation, il est arrêté et restera en prison un certain temps.

Au bout d'une semaine, mon front est guéri et je retourne chez moi pour voir dans quel état sont les choses. La concierge m'ouvre la porte et j'entre. Tout est saccagé. L'appartement sent la mort. Il y a du sang séché sur mon oreiller. Je regarde s'étaler sous mes yeux la preuve de cet échec lamentable qu'est ma vie. Jamais je n'aurais dû faire confiance à cet homme.

Après cette histoire terrifiante, je mets un certain temps à reprendre le contrôle de ma vie. J'ai l'impression que l'ancienne

Dolly, celle que tous admiraient pour sa beauté, est vraiment morte. Je dois retrouver un élan, mais mon moral est à zéro. Je suis sans le sou et mes anciens amis m'ignorent.

Mes relations avec les hommes ne m'apportent que des problèmes. La violence, la criminalité, je croyais m'en éloigner en quittant ma famille gitane, mais je retombe toujours dans de nouveaux pièges. Je me regarde dans le miroir. Je suis maigre, cernée, triste comme si j'avais soixante ans. Lucien est un chapitre terrible de ma vie. Il m'a anéantie.

Je n'avais plus de rêves, plus de carrière. Avais-je encore un avenir? Ma dose de drogue quotidienne ne suffisait même plus à entretenir l'illusion d'une vie magnifique que j'aurais pu construire. J'étais comme une barque éventrée, à la dérive.

PARTIE VI

Ma descente vertigineuse

La maison d'Andrew était un refuge où les filles droguées entraient en croyant que leur vie serait un paradis. J'étais jalouse de l'affection qu'il leur vouait et mes crises le mettaient dans un état de violence sans bornes.

Un jour, deux nouvelles filles arrivent en rigolant, entourant Andrew amoureusement.

« Sauvez-vous donc de lui, c'est un fou ! »

Elles me regardent avec dédain. C'est vrai que j'ai l'air d'un squelette, car je ne mange plus. Je suis droguée en permanence.

« Tu la fermes, toi ! m'a lancé Andrew en grimaçant.

– Il vous détruira, comme il l'a fait avec moi ! Il n'aime personne ! »

Je continue à râler. Il laisse les filles au salon et m'empoigne par les cheveux. Ma colère et ma honte se déchaînent. Je me débats, mais il m'entraîne dehors.

« Lâche-moi ! Tu me trompes avec ces filles, c'est ça ? Tu es un porc ! »

Fou de rage, il me jette par terre et me frappe la tête contre l'asphalte à plusieurs reprises.

« Vas-tu la fermer ? Je ne sais pas ce qui me retient de te régler ton compte une fois pour toutes ! Je ne veux plus rien savoir de toi !

– Pourquoi tu me fais ça ?

– Parce que je t'aime… Et que tout cela est de ta faute ! Tu es malade ! »

Ayant dit ces mots, il m'abandonne ainsi, tout ensanglantée.

Chapitre XXIV

Le mal d'amour

J e m'enfonçais avec l'illusion que j'allais m'en sortir sans l'aide de personne. Autour de moi, je détectais la souffrance des uns et des autres. Un jour, j'ai vu arriver Andrew dans un état de découragement qui m'a bouleversée. J'essayais de repousser ses avances depuis quelques semaines, mais la solitude me faisait mal. J'étais vulnérable et fragile. Lui, il avait tout sur le plan matériel, mais il me suppliait d'abandonner mon attitude hautaine et suffisante pour l'écouter. Pour la première fois, je voyais en lui l'homme blessé, anéanti par le décès de son père. Ses avances répétées avaient fini par me toucher. Il n'avait d'yeux que pour moi, me traitait comme une reine, nettoyait mes chaussures, me désirait comme je ne l'avais jamais été. Pourtant, ce n'était pas un homme pour moi, je le savais. L'amour que je ne pouvais lui donner, il l'a pris malgré tout, à sa façon.

Andrew jouait si bien la scène de l'homme malheureux que j'en ai été émue. Mon besoin d'être aimée sans condition refaisait surface. Sans m'en apercevoir, je répétais les mêmes erreurs avec tous les hommes. J'attirais les gigolos, même s'ils avaient réussi et se présentaient comme des hommes d'affaires respectables. Lui, il était junkie, sous ses beaux habits. Je me suis dit que, cette fois, ça marcherait entre nous. Je lui ai avancé cinq cents dollars ce soir-là. Du moment que j'avais l'illusion que je maîtrisais la situation, je me sentais rassurée. Or, la réalité était tout autre.

Un soir qu'il se disait trop gelé pour conduire jusque chez lui, je l'ai hébergé à la maison pour la nuit. Il a dormi dans la pièce où je disais la bonne aventure. Il était petit et je n'aimais pas son physique, sauf ses yeux bleus très brillants. Mais il faisait le bouffon pour me faire rire et j'aimais ça. J'oubliais son visage ingrat pour découvrir un cœur avide d'être aimé. Je me suis attachée à lui en me disant que l'amour démesuré qu'il me vouait allait combler mon propre besoin. Il était si protecteur.

Certains voisins avaient répandu des ragots. Comme j'avais des fréquentations douteuses et changeantes, les gens se posaient des questions à mon sujet. Quand je ne payais pas mon loyer, faute d'argent, le propriétaire venait chez moi en personne. Il n'aimait pas les drogués et, cette fois-là, il m'a mise au pied du mur.

« Si tu ne payes pas demain avant cinq heures, c'est la porte. J'ai eu des plaintes. Tu fais du bruit, des *partys*. J'ai un dossier épais comme l'annuaire téléphonique.

– Je promets de vous payer. Je suis un peu serrée ces temps-ci, mais je tiens toujours ma parole. »

Lorsque je suis rentrée chez moi, le lendemain à cinq heures, toutes mes affaires étaient sur le trottoir. Le propriétaire avait fait place nette sans m'attendre. J'avais trois cents dollars en poche, mais il ne voulait rien entendre. Je suis allée passer la première nuit chez mon amie Joanne. Moi qui avais gagné des milliers de dollars l'année précédente, j'étais maintenant à la rue. Je me rendais compte que je dépensais sans compter en période d'abondance et que je n'avais pas appris à refréner mes élans de consommation. C'était l'histoire de ma vie, ce jeu de yoyo entre richesse et pauvreté.

Le lendemain, quand je suis revenue pour récupérer mes affaires, elles étaient éparpillées partout dans la rue. On se serait cru le 1er juillet. Les clochards rigolaient en commentant leurs trouvailles. J'ai ramassé mes bijoux en pleurant. J'ai mis tout ce que je pouvais dans un sac de plastique et je suis allée dans une cabine pour téléphoner à Andrew.

«J'arrive, dit-il. Laisse tes guenilles où elles sont, tu n'en auras plus besoin!»

Je suis entrée dans sa vie comme une reine. Il avait une maison luxueuse, des œuvres d'art, des *business* qui l'occupaient – des clubs et des bars où la drogue circulait. Il suffisait d'une mauvaise transaction pour tout flamber, mais, malgré tout, quelques semaines plus tard il se renflouait et reprenait son train de vie de millionnaire. La cage dorée dont il m'ouvrait la porte m'attirait. Je me souviens de mon étonnement quand j'ai découvert les flacons de parfum très coûteux dans la salle de bains.

«Tout cela est à toi, a-t-il dit pour me convaincre de vivre avec lui. Avec moi, tu ne manqueras plus jamais de rien.»

Mon ravissement était celui d'une enfant qui croit qu'elle aura enfin une vie normale. Il m'a présentée à sa famille. Il y avait chez ces gens des traditions ancrées de longue date, des marques d'attachement d'une génération à l'autre. Ils possédaient des photos et des livres qu'on se transmettait de père en fils. J'entrais dans un autre univers que je croyais parfait. Comme une grande dame, je voulais décrocher ce rôle à tout prix. Je ne devinais pas que cet homme était encore plus dépendant affectivement que moi. Il me proposait la sécurité au moment où j'étais vulnérable. Je revoyais mes affaires abandonnées dans la rue, mes jours passés à dire la bonne aventure en jouant parfois avec le feu, ma dépendance à la drogue qui bouffait tout ce que je gagnais, mon sentiment d'échec – et cet homme me tirait du pétrin en claquant des doigts. L'argent, la notoriété et l'amour, il mettait tout cela sur un plateau devant moi.

Pendant que je passais mes journées à flâner chez lui, sans obligation de travailler, il me revenait parfois des images de ma vie d'avant. Je me rappelais mes aventures ratées avec les hommes du passé qui m'avaient initiée à la drogue. J'allais d'une erreur à l'autre sans comprendre que je répétais toujours le même *pattern*.

Par ailleurs, plus je devenais dépendante de mon sauveur, plus l'agressivité montait en moi, car j'avais découvert qu'il me trompait avec une revendeuse de drogue. Nos discussions à ce sujet finissaient en bagarres et cette violence conjugale est vite devenue intolérable. J'étais aussi colérique qu'il avait pu être amoureux, je m'étais métamorphosée en tigresse hargneuse.

«Tu es folle à lier! Jalouse! Tu te prends pour qui?

– Je veux juste que tu m'aimes. Tu ramènes des filles du club et moi je te veux, toi.

– Je ne t'appartiens pas! T'es-tu vue? Tu ne manges pas, tu ne t'habilles pas, tu es une épave. En plus, tu fais des crises à propos de tout et de rien!»

Il disparaissait ensuite pendant deux ou trois jours sans donner de nouvelles. Je le croyais chez la *pusher*, mais je n'avais pas de preuve. Alors, une fois, je l'ai suivi. Il était bien chez sa maîtresse. Elle était enceinte de lui, elle était même très avancée dans sa grossesse. Ça m'a donné un choc. Plusieurs fois, il m'avait dit qu'il voulait avoir un enfant. Moi, je prenais tellement de drogue que je me croyais stérile. Ma jalousie s'était réveillée avec force. Lui me menaçait, me droguait et me battait jusqu'à ce que je le laisse tranquille. J'en garde des souvenirs pénibles. On se quittait, on se réconciliait, on se quittait encore, et ainsi de suite. Il n'y avait aucune stabilité dans nos relations.

Le lendemain, je me suis rendue chez sa maîtresse. J'ai vu son auto à lui garée devant la maison. J'ai sonné sans arrêt pendant une demi-heure. Puis je les ai vus par une fenêtre, tous les deux en robe de chambre. Ils se moquaient bien de moi!

«On appelle la police», m'a dit la fille à travers la vitre.

Je suis repartie tellement défaite! Il ne m'aimait donc pas? Elle avait trouvé le moyen de le garder juste pour elle en lui donnant un enfant!

La nuit suivante, le téléphone a sonné dans la grande maison et Andrew a répondu. C'était quelqu'un de l'hôpital. Nous étions quatre filles dans la maison et nous l'avons vu s'effondrer... Le *party* était fini.

Le bébé était mort pendant l'accouchement, étranglé par le cordon ombilical. Les médecins ont inscrit dans leur rapport que les deux parents consommaient beaucoup, et que cela avait tué l'enfant. Les parents de la fille ont réagi violemment.

«Tu es un assassin! Tu vas payer pour ça!»

Chapitre XXV
Un S.O.S.

Ma vie était hypothéquée par cette relation et mon réveil devait passer par une sorte de révolte active. Je voulais sauver les jeunes femmes qui, sans savoir où la dépendance les mènerait, se pointaient chez Andrew. Je jouais les sauveurs avec les autres, mais j'étais moi-même à la dérive plus que jamais. Après la mort de son enfant, Andrew est devenu l'ombre de lui-même et sa maison, un lieu de consommation où toutes les filles aboutissaient. Nous étions toujours six ou sept à passer nos journées sous l'effet de la drogue, sans manger. Nous étions si maigres que nous portions toutes des vêtements de taille 3. De toute façon, on s'en fichait pas mal. On prenait ces vêtements n'importe où, quand on pensait à s'habiller… La drogue coûtait cher et nos dettes étaient devenues énormes. Andrew devait trouver de l'argent pour rembourser, sa vie en dépendait. Il avait liquidé quelques petites affaires en catastrophe, mais ses partenaires, dans les clubs, n'aimaient pas le voir si endetté. Il voulait emprunter des sommes à sa famille, le temps de se refaire, mais ses proches refusaient de dilapider le patrimoine familial. Parents et amis le fuyaient pour éviter de se noyer avec lui.

Un soir, il s'est mis à pleurer. Nous étions tous les deux à un stade très avancé d'intoxication. Je voyais des ombres partout, j'avais peur de sortir de la maison, et le fleuve m'attirait tellement que plusieurs fois j'ai voulu en finir, pour cesser de souffrir. Andrew me remorquait et je le remorquais, d'une fois à l'autre, d'une crise à l'autre.

«On ne s'en sortira pas, lui ai-je dit ce soir-là.

– Tu as raison. Je suis ruiné, démoli. J'ai tout perdu ! Je vais me retrouver dans le fleuve avec une balle dans la tête…»

Tout le luxe de la maison n'avait plus rien de vrai. Ce n'était qu'un décor de cinéma. Andrew s'est mis à trembler, alors je lui ai dit : «Si on suivait une thérapie ensemble ? Cet enfer a assez duré. Moi, je vais en désintox ou je meurs.

– Il n'y aurait pas une solution de rechange ?

– Non. Regarde-toi. Tu es malade. Tu ne vois plus la réalité. Tes *pushers* sont postés à deux maisons d'ici et ils t'attendent. Je ne veux pas que tu finisses comme ça. C'était beau, nous deux, avant…»

Finalement, il a accepté. J'ai appelé ma famille pour la première fois depuis longtemps. Mamo pleurait. Elle avait cru que j'étais morte. Je lui ai donné l'adresse de la clinique et demandé si elle pouvait m'avancer l'argent. Trois semaines à Québec. Ritchie, mon père, a payé la plus grande partie des frais de trois mille dollars, et Mamo a payé le reste.

Andrew, lui, allait dans un autre centre. On s'est donné l'accolade, et cela avait le goût d'un adieu. J'avais décidé de faire tout ce qu'on me demanderait. Je voulais m'en sortir. Je luttais contre moi-même, et ma souffrance me ramenait sans cesse à Andrew. Je n'avais jamais mesuré à quel point je tenais à lui.

* * *

La première semaine a été très difficile. Nous n'avions pas le droit de téléphoner à nos amis, mais Andrew m'obsédait tellement que je l'ai appelé là-bas, au centre où il se trouvait, pour prendre de ses nouvelles.

«Il n'est plus ici, m'a-t-on répondu. Il est parti après trois jours.»

J'étais démolie. Il n'avait pas fait sa cure de désintoxication. Il était retombé… Quand je suis revenue au sein du groupe, je pleurais. J'ai raconté aux autres que j'étais bouleversée parce qu'Andrew s'était défilé.

« Il a besoin de moi. Il faut que j'aille l'aider. Je vais bien. Laissez-moi lui sauver la vie…

– Reste avec nous, il va trouver de l'aide tout seul. Tu ne peux pas nous quitter comme ça ! Tu as tes étapes à faire. Reste, par amitié ! »

Les six autres me regardaient avec insistance. J'avais développé une bonne relation avec chacun d'eux. J'ai décidé de rester et tout le monde parut content. Paul, le thérapeute, était un professionnel un peu froid, cartésien, qui m'observait sans empathie. Le travail de groupe a repris et nous nous sommes concentrés sur nos livres, sur la recherche de nos valeurs, sur une démarche pour nous rebâtir. Quand la rencontre s'est terminée, Paul m'a demandé de passer à son bureau. Je croyais qu'il voulait me remercier de rester. Je me sentais fière de moi, contente aussi qu'il m'accorde un peu d'attention car, depuis le début, il m'ignorait.

« Va ramasser tes affaires. Toute l'équipe est déçue de toi. Tu es un cas irrécupérable. C'est fini !

– Mais j'ai collaboré, j'ai fait des efforts…

– Tu es irrécupérable », a-t-il seulement répété sans ajouter aucune explication, en me montrant la porte.

Comme une vague immense, le sentiment de rejet que je portais en moi depuis l'enfance, l'immense besoin d'être aimée et de trouver ma place ont rempli tout mon être. Je ne valais pas la peine qu'on m'aide. J'étais anéantie. J'ai levé les yeux vers le thérapeute.

« Je vous en supplie, gardez-moi. Donnez-moi une autre chance !

– La seule chose que tu peux tenter, c'est un an à Portage[27], et encore, si tu coopères vraiment. C'est trop pour nous. Viens, je te ramène dans ta famille. »

---

27. Centre de réadaptation pour toxicomanes.

J'ai été incapable de dire un seul mot pendant le trajet. La honte et la peine étaient tellement nouées dans ma gorge que j'arrivais à peine à respirer.

J'ai retrouvé Mamo méfiante. Elle était en colère parce que je n'avais pas fini ma thérapie.

«Tu n'es plus chez toi ici. Tu as déshonoré la famille. Ils se méfient tous de toi.

– C'est de votre faute, aussi. Mon père m'a rejetée. Il n'avait pas de cœur. Vous m'avez tous menti et maintenant vous me jugez!

– Fais ce que tu veux, va où tu veux, mais tu ne dormiras pas ici ce soir», a lancé Mamo.

Je suis quand même allée dans ma chambre, où j'avais passé une dizaine d'années entre l'enfance et l'adolescence. J'ai revu mes vêtements, mes photos, mon passé…

J'aurais pu devenir une jeune fille bien. Suzanne croyait en moi, mais je l'avais trahie, elle aussi, en me comportant comme une rebelle. Je n'avais plus de famille, plus d'amis. Il ne me restait qu'Andrew, lui aussi à la dérive. Je suis sortie en coup de vent, sans bottes, en plein mois de février, laissant la porte ouverte, et j'ai couru jusqu'au coin de la rue, où il y avait des taxis.

Chapitre XXVI
Sous le tapis

Lorsque je suis rentrée chez Andrew et que je me suis regardée dans la glace, j'ai été surprise de constater que j'avais meilleure mine. Une semaine à manger à peu près normalement, sans prendre de drogue, m'avait fait du bien. Je me sentais plus forte. Il n'y avait personne dans la cuisine, sauf le chien qui réclamait sa pitance ; tout était bordélique. Sans faire de bruit, j'ai exploré toutes les pièces, une à une. J'ai trouvé Andrew dopé au sous-sol, dans les bras d'une Vietnamienne.

Mon dernier espoir venait de m'abandonner. Andrew n'aimait personne ; il ne s'aimait pas lui-même non plus. J'aurais voulu avoir assez de courage pour m'en aller et reprendre la maîtrise de ma vie. La porte de la cage était ouverte, mais le mot « irrécupérable » résonnait encore dans ma tête.

J'aurais aimé me glisser sous un tapis et disparaître. J'avais assez souffert. Je ne pouvais plus regarder personne dans les yeux. Je n'étais qu'une loque. Si je mourais maintenant, personne ne viendrait pleurer ni cracher sur ma tombe. Personne ne m'aimait parce que je ne le méritais pas. Je ne valais rien.

Je suis allée marcher au bord du fleuve, juste avec mon petit chandail et mes chaussures. Je n'avais pas non plus le courage de me jeter à l'eau. Je suis revenue à la maison et j'ai attendu.

Le lendemain, quand Andrew m'a vue, il a dit à la Vietnamienne:

« J'ai des hallucinations! Je vois le fantôme de Dolly! Je la pensais morte. Pour moi, elle est morte! »

Ensuite, il est parti pendant quelques jours, et quand il est revenu j'avais recommencé à consommer. J'étais furieuse contre lui.

« Tu n'as pas de couilles! Tu n'as pas fait ta désintox! Tu ne t'en sortiras jamais. Et tu couches avec n'importe qui. Je te hais!

– Ferme ta gueule!

– Menteur! Tricheur!

– Tu es folle, dangereusement folle! a-t-il dit en me prenant par les cheveux et en me frappant la tête contre le mur.

– Pourquoi fais-tu ça? Je suis revenue pour t'aider!

– Tu n'as aucun respect pour mon amour. Je t'aurais donné la terre entière si seulement tu avais eu du respect pour moi!

– Lâche-moi! Je saigne! Tu es dangereux!

– Tu es malade... Va te faire soigner... »

Ce jour-là, je retombe dans la déchéance.

Je dors le jour, je consomme la nuit. Parfois, je sors dans les bars qui appartiennent à Andrew et ses associés. Une fille qui s'appelle Lina vient me voir de temps en temps, lorsque je fais la fête. Je la vois comme un ange qui apparaît entre deux colonnes de nuages. Elle me dit qu'elle ne consomme plus. Qu'elle s'en est sortie. Elle me parle d'un centre pas comme les autres.

Blessée par le rejet récent, je n'aime pas qu'elle me parle de cure de désintox, mais elle revient à la charge. Un autre homme que j'ai vu une fois ou deux m'en parle aussi, et un jour il me donne un numéro de téléphone.

« Fais ça pour toi. Vas-y, Dolly. »

Parce que je n'ai plus la force de vivre ainsi, je retourne chez Andrew et, à son réveil, je lance un billet de vingt dollars sur la table et je lui dis:

« Tiens, j'achète ton chien... Pour toi, il n'a pas de valeur. Moi, je vais lui donner sa liberté. Je pars moi aussi; ta chienne s'en va!

– Au diable! crie-t-il. Bon débarras! »

Je suis partie avec deux sacs remplis de vêtements sales. C'est tout ce qui me restait. En passant la porte, je me suis regardée dans le miroir. J'ai vu ma solitude et j'ai compris que je ne pourrais jamais aider les autres si je ne m'aidais moi-même d'abord. En voyant le chien s'éloigner, libéré de cette vie infernale, j'ai décidé de me libérer aussi. Voilà pourquoi j'ai pris un taxi jusqu'au centre de réhabilitation de L'Île-Perrot, et c'est encore une fois Mamo qui a tout payé. Elle en avait gros sur le cœur, cette grand-mère que j'avais tant déçue, mais sans elle je n'aurais jamais pu sortir de cet isolement et reprendre confiance en moi. Je crois que je serais morte si elle ne m'avait pas tendu la main ce jour-là. Elle l'avait fait souvent sans que je m'en aperçoive, mais à cette étape si dramatique de ma vie, je me serais laissée couler pour de bon.

Dans le taxi, je me suis rappelé qu'un jour Mamo avait prédit mon avenir. La scène s'était gravée dans ma tête. Je me revoyais devant elle, les yeux étonnés, ravie de la voir si belle. J'avais beau connaître tous ses trucs, cette fois-là j'y ai cru, pour de vrai. Elle parlait lentement, d'une voix caverneuse et traînante, insistant sur chaque mot.

«Tu vas devenir une grande dame, Dolly. Ton magnétisme sera tel que des foules viendront de partout pour t'écouter, pour t'applaudir. Grâce à toi, des centaines de personnes souffrantes auront un cœur tout neuf. Tu feras du bien, ma fille. Oui, je le vois, ta vie sera une source d'inspiration pour les autres.»

Ces mots m'avaient émue. J'avais alors en tête l'image de mère Teresa, qui s'occupait des pauvres en Inde. Elle était gitane, elle aussi. Je me disais que Mamo avait des hallucinations, mais elle insistait toujours pour voir le bon côté de ma personne. J'avais douze ans. Je crois que c'est juste après cette séance que le téléphone avait sonné. C'était ma sœur qui demandait à Mamo si je pouvais aller garder le petit Victor. Elle avait dit oui.

Épilogue

« Je ne sais pas où je m'en vais et je ne sais pas pourquoi j'y vais. Mais je suis tellement mal que je n'arrive plus à m'accorder d'importance. Je vais faire tout ce que vous voulez. Expliquez-moi comment sortir de cette dépendance. »

C'est par ces mots que ma thérapie a commencé. La vraie. Celle qui allait me sauver et donner à la véritable Dolly une seconde chance.

J'ai souvent pensé à mon frère Bobby en acceptant de soigner mes propres blessures. Il m'avait prévenue. Mes frères et sœurs ont presque tous vécu une dépendance à l'héroïne, et moi je me suis sentie responsable de leur sort chaque fois que je les sortais de prison et que je les poussais à aller suivre une cure de désintoxication. J'étais sur le mauvais chemin, mais j'ignorais que la cocaïne me conduirait précisément là où eux-mêmes se débattaient.

La dernière fois que je suis allée voir Bobby en prison, je lui ai demandé de nous aider. J'avais l'impression que sans lui, aucun de nous ne s'en sortirait. Lorsqu'il a été libéré quelques mois plus tard, il était réellement sur la voie de la guérison. Le jour où un de ses amis m'a appris sa mort, je n'y ai pas cru. Il était *clean*, il n'avait rien consommé depuis longtemps, pas même en prison. Il avait réussi à se rebâtir une vie.

« D'après les policiers, il aurait fait une *overdose*.

– Je pense plutôt qu'on l'a tué, parce qu'il en savait trop. Quelqu'un a voulu le faire taire, et c'est si facile de maquiller un meurtre en suicide…

– Il y aura une enquête, mais ça ne va pas nous le ramener. Alors prends soin de toi. Faudrait pas qu'il t'arrive la même chose. »

Ma douleur était immense. Ma révolte aussi. L'enquête a été bâclée, comme quand on cherche à étouffer une affaire louche. Ses employeurs ont dit qu'il se droguait à l'héroïne et ne payait pas sa *dope*. Trop facile. Trop injuste. Je ne voulais pas qu'une telle injustice demeure secrète. Plusieurs éléments me faisaient douter du rapport de police ; on y disait qu'une seringue avait été retrouvée dans sa poche. Or il ne consommait plus depuis des mois. Par ailleurs, ses anciens amis rôdaient dans les parages au moment de sa mort. Les junkies se méfient toujours de ceux qui deviennent *clean*. Il était évident qu'ils avaient craint d'être dénoncés, et mon frère constituait une menace pour leur trafic. Même s'il serait inutile de réclamer aujourd'hui une nouvelle enquête, mon message est un appel à la justice. Les auteurs du meurtre de mon frère ont maquillé leur geste pour simuler une *overdose*. Mais il a bel et bien été tué, et cet assassinat a laissé deux petites filles orphelines.

Sa mort m'a ouvert les yeux. C'est grâce à lui que j'ai eu le courage de reprendre ma vie en main. Mes sœurs avaient échoué, mais Bobby avait réussi. Je voulais devenir une personne transparente et reconstruire ma vie. C'est donc à mon frère Bobby que je veux en premier lieu dédier ce livre.

Je veux aussi remercier Mamo, ma grand-mère, qui a tout donné à ses enfants. Elle n'a pas toujours eu la tâche facile, mais elle s'est toujours arrangée pour que nous ne manquions de rien. Aujourd'hui encore, je continue d'admirer le courage et la persévérance dont elle a toujours fait preuve.

Depuis ce temps, j'ai fait d'énormes efforts pour me ressourcer, pour rebâtir ma vie. Je suis devenue une femme authentique et intègre. Je me suis détachée des valeurs des gitans, parce que leur façon de vivre ne me convenait plus. Depuis que j'ai terminé ma thérapie en 1990, je vis en accord avec mes valeurs personnelles. J'essaie de rembourser ma dette envers la société. Depuis plus de vingt ans, je n'ai jamais repris de drogue. J'aime la femme que je suis devenue et je poursuis mes efforts pour mériter le respect que je m'accorde ainsi que l'amour des autres. Et j'ai appris à tendre la main, à faire confiance, à agir en toute honnêteté, avec intégrité.

Je privilégie les relations stables avec mes proches, et ma réussite sur ce plan dépasse mes espérances. Je ne vis plus en enfer, mais dans un paradis terrestre. Ma vie et la vie sont mes meilleures amies, car j'ai le sentiment de revivre, ce qui est une chance que j'apprécie tous les jours. J'aurais pu mourir tant de fois !

Dans mon cheminement vers le bonheur, l'idée de raconter ma vie fait partie d'un processus de pardon. Je me pardonne cette façon que j'avais de me déprécier, de me traiter comme une personne sans valeur, comme une victime. Je crois que cela représente le pardon suprême. Plus personne ne pourrait aujourd'hui me demander de me taire. Je voudrais que tous comprennent par quoi je suis passée. C'est pourquoi je fais maintenant des conférences, pour redonner aux gens un peu de confiance en eux.

Le 19 mai 1993, je me suis mariée avec moi-même. Je me suis acheté une alliance pour symboliser l'amour que je ressens pour moi-même. Je n'ai aucune intention de divorcer, et c'est une histoire d'amour qui ne fait que commencer.

J'ai vécu l'enfer et je l'avoue sans regret car, sans cela, comment aurais-je pu parcourir le chemin qui m'a menée là où je suis aujourd'hui ? Lorsque je regarde mes deux enfants, l'homme de ma vie, mes amis, ma grande famille du Centre de ressourcement Attitude que j'ai fondé en 1999, je me sens remplie d'amour. Mon message est partagé maintenant par des milliers de personnes. Je suis responsable de mon bonheur ; je suis capable de créer la vie que je veux avoir, en étant vraie et persévérante. Si moi je peux y arriver, tous le peuvent !

Mon passé est lié de près aux gitans, gens attachants malgré la distance que j'ai volontairement mise entre eux et moi. J'ai toujours été la première à les soutenir, et je ne les abandonnerai jamais. Leur culture fait partie de moi, comme un tatouage sur mon cœur. Mon témoignage ne vise pas à les incriminer, loin de là. Mais il me fallait absolument exprimer ma vérité pour achever mon processus de guérison.

Toute ma vie ne suffira peut-être pas à réparer le mal que la drogue et la dépendance affective ont causé en moi et autour de moi. Mais, pour passer de l'ombre à la lumière, il m'a fallu livrer bataille après bataille. J'aimerais aussi vous raconter, dans un second tome, comment je suis devenue la femme à laquelle Mamo croyait de toutes ses forces. Rien ne peut nous arrêter quand nous choisissons de nous aimer d'abord. La vie nous réserve tant de bonnes choses, tant de belles rencontres. Il n'en tient qu'à nous de faire le premier geste pour découvrir le monde de possibilités qui s'offre à nous.

Comme moi, conservez avant tout la confiance en vous-même.

Laurentides, le 23 mai 2011

Contactez l'auteur au Centre Attitude :
www.centreattitude.com
450-240-0404

Remerciements

En premier lieu, je souhaite me remercier d'avoir trouvé le courage de prendre ma vie en main. Si je n'avais pas choisi de me donner une seconde chance, vous ne tiendriez pas ce livre entre vos mains ! Pour cette raison, je veux aussi remercier mon Dieu d'amour.

Merci à mes parents, pour m'avoir donné mon souffle de vie.

À mes enfants, Gia et Lukas, qui m'apprennent comment être une bonne maman et qui m'aident à grandir.

À mon conjoint Olivier pour sa grande patience et sa constante présence dans notre belle histoire.

Je veux aussi remercier ma famille, les gitans, pour l'héritage qu'ils m'ont légué. Sans eux, je ne serais pas devenue la femme que je suis.

Je veux bien sûr remercier mes amis et amies, qui m'offrent leur soutien depuis des années. (Un clin d'œil spécial à vous ; vous savez qui vous êtes !)

Un énorme merci à mes collègues du Centre Attitude, aux membres du conseil d'administration et au personnel. Vous faites un travail formidable !

Aux personnes qui m'ont donné l'occasion de les aider au cours des dernières années, merci de m'avoir fait confiance.

Un merci spécial à Marie Brassard pour la compétence dont elle a fait preuve tout au long de la rédaction de ce livre. Elle a su trouver les mots pour rendre justice à mon histoire.

Je veux aussi remercier Joëlle Sévigny et l'équipe des Éditions de l'Homme pour leur confiance renouvelée et leur enthousiasme pour ce troisième projet que nous réalisons ensemble.

Enfin, je tiens à vous remercier, vous, mes lecteurs.

Dolly Demitro

Table des matières

Suivez-nous sur le Web

Consultez nos sites Internet et inscrivez-vous à l'infolettre pour rester informé en tout temps de nos publications et de nos concours en ligne. Et croisez aussi vos auteurs préférés et notre équipe sur nos blogues!

EDITIONS-HOMME.COM
EDITIONS-JOUR.COM
EDITIONS-PETITHOMME.COM
EDITIONS-LAGRIFFE.COM

MARQUIS

Marquis imprimeur inc.

Québec, Canada
2012

Achevé d'imprimer au Canada
sur papier Enviro 100% recyclé